臺灣歷史與文化 _{研究輯刊}

十九編

第 21 冊

民謠歌王
——劉福助創作歌謠研究（上）

賴明澄 著

花木蘭文化事業有限公司

國家圖書館出版品預行編目資料

民謠歌王——劉福助創作歌謠研究（上）／賴明澄 著 -- 初版
-- 新北市：花木蘭文化事業有限公司，2021〔民 110〕
目 2+160 面；19×26 公分
（臺灣歷史與文化研究輯刊十九編；第 21 冊）
ISBN 978-986-518-469-8（精裝）
1. 劉福助 2. 民謠 3. 樂評 4. 臺灣
733.08   110000684

ISBN-978-986-518-469-8

9 789865 184698

臺灣歷史與文化研究輯刊
十九編　第二一冊　　　　　　ISBN：978-986-518-469-8

民謠歌王
————劉福助創作歌謠研究（上）

作　　　者　賴明澄
總 編 輯　杜潔祥
副總編輯　楊嘉樂
編　　　輯　許郁翎、張雅淋　美術編輯　陳逸婷
出　　　版　花木蘭文化事業有限公司
發 行 人　高小娟
聯絡地址　235　新北市中和區中安街七二號十三樓
　　　　　　電話：02-2923-1455／傳真：02-2923-1452
網　　　址　http://www.huamulan.tw 信箱 service@huamulans.com
印　　　刷　普羅文化出版廣告事業
初　　　版　2021 年 3 月
全書字數　304069 字
定　　　價　十九編 23 冊（精裝）台幣 60,000 元

民謠歌王
——劉福助創作歌謠研究（上）

賴明澄　著

作者簡介

作者：賴明澄 Luā Bîng-ting / tîng
現職：桃園市立青溪國民中學教師
　　　桃園市國民教育本土語文輔導團兼輔
學歷：國立臺灣師範大學台灣語文學碩士
　　　國立台灣藝術大學表演藝術學士
獲獎：桃園市本土語教學績優教師
　　　新北市卓越教學教師
　　　全國國語文競賽閩南語字音字形教師組獲獎
　　　桃園市國語文競賽閩南語字音字形教師組第一名
　　　桃園市本土語補充教材比賽第一名
簡歷：各國中小本土語研習授課講師
　　　台灣母語教師協會理監事
　　　大愛電台「生活講台語」〈Formosa 台語　明澄講義〉節目主講人

提　要

　　你能想像能從通俗的台灣流行歌曲來見識、了解、習得到台灣的語言、文化與文學的論文研究嗎？自然須尋找最能符合此主旨，且有才能、能大量創作的在地歌手，與台灣生活緊密長久，息息相關無法切割的，莫過於民謠歌王劉福助。

　　劉福助使用台語語言來歌唱，自然保留了台語的語音、語彙及語用等功能。然劉福助又不狹隘的只創作台語的通行腔，他更廣納台語的其他地方音差的語音創作，如宜蘭腔、永靖腔、關廟腔等，這對想入門或深耕研究台灣語言語音的人，實在是一大福音。且藉傳媒的巨大力量，更能有效教育、保留台語的語音。

　　另外，一系列的台灣習俗、二十四節氣等創作，更是保留了先人的文化。劉福助將台灣的節日化為流行歌曲傳唱，記錄了生活、節日習俗點滴，也是提供後人了解生疏且久遠的台灣文化的最佳保留。

　　他且大量地將先人的生活智慧創作於歌曲中，各類生活類型的俗諺語融入於創作，善用且精闢的表現在文學方面，讓人滿足的欣賞先人文學的精華，並愉悅地沉浸在文學中的唱曲創作。

　　不同於談情說愛的流行歌曲，能在創造流行中並行教化功能，這是一種肩擔與傳承的使命。劉福助語重心長的肺腑之言：「我不禁要打起精神、加緊腳步，為台語歌壇留下些可以給後代的東西。」作者與其有同此心思，聯合國教科文組織認定台灣本土語言「瀕臨絕種」，我們在學習各種生活智能，卻沒有學習保護自己的語言，我關心台灣本土語言能否繼續生存，不能等到消失了才懂得去尋找，關愛台灣的每個人，都當即時、及時的珍視台灣本土語言。

謝　辭

　　本論文的完成首先要感謝筆者的指導教授——陳龍廷博士。陳老師對論文的指導極為清楚與細膩，使筆者深深感動。此外陳老師所提供給筆者的思考觀點與啟發，都是寫論文很重要的參考依據。另外，還要感謝本論文的兩位口試委員，蘇桂枝主任以及林淇瀁教授。蘇主任是文建會國立臺灣傳統藝術總處籌備處台灣音樂中心的館長。林教授是國立台北教育大學台文所的所長，也是台灣文學界響叮噹的「向陽」。感謝兩位在百忙中，特別撥駕前來。兩位口委都很清楚的點出本論文的缺失及應改善之處，使本論文能更加完善。

　　心中永遠感謝、感激鄭良偉教授，在筆者寫論文的期間，不斷的給予精神鼓勵與關懷，鄭教授同時也是我的論文計畫口試教授，他非常贊同我選擇此題材論文，讓筆者更加有信心的來完成。更要感謝張屏生教授，張教授在一知道筆者要寫的論文題目時，即提供筆者寫論文極寶貴的資料，包括他的收藏及未出版的資料，他疼愛學生的一顆心表露無遺。也要感謝本所的李勤岸所長，總在筆者遇到困難時，主動關心的給予協助。

　　還要感謝遠在美國耶魯大學中文系的孫康宜主任，以及哈佛大學醫學系的謝又康教授。孫主任及謝教授很關心筆者的論文，雖遠在美國，也不吝花時間的在為筆者論文的英文翻譯，關懷心意讓筆者深受感動。此外要感謝一路走來始終支持筆者的學長鄭文海、以及同窗們彼此的鼓勵郭俊傑、楊婷婷、張邦彥、王瓊枝、林振福等。

　　心中始終感謝的是劉福助先生，也是本論文探究的主角，一位不擺架子的知名藝人，如此的和藹可親寬容可敬。在筆者一開始與他聯絡上後，始終

很慈祥，毫不刁難的長者風範，提供一手資料給筆者，筆者曾去他家訪談後，還會開車送筆者去捷運站搭車，實在是筆者的幸福。

　　最後不忘感謝筆者的家人，在寫論文的期間，從不抱怨也不責怪對家庭照顧的疏忽，家人的支持就是最大的鼓勵，也是完成論文的最大助力。

目
次

第一章　緒　論

第一節　研究目的

筆者是一個從小就聽著劉福助的歌長大，他所創作的歌曲是以台語為主體，加上生活化的題材，善用逗趣的語感，感覺真有必要替他留下他的創作分析記錄，乃是因為新世代的年輕人，母語流失是極嚴重的，若沒有用心來搶救，恐怕在未來會漸漸消失無蹤。所以筆者大膽想要用劉福助的創作分析，好給下一代更加全面性的「母語」、「生活」相關連的概念，也能夠運用在筆者的國民學校母語教學之中。希望如此的心動與行動，能夠有機會綻放出美麗絢爛的花朵。

在劉福助的創作中，他的時代用的是大量的常民的生活用語。台灣經過禁止說母語的教育政策，以至於新世代的一代學子，幾乎不能流利口說著母親的話語，若能從他的創作中，建立起一個台語的語料，給新世代的年輕人有所依循，雖然不知如何說出該語言詞彙，至少有方向找到資料、語音。經過一番找尋，收集在發行過的專輯唱片中找到，深入閱讀了後發現真有研究的價值。另外一方面，國內還沒看到相關劉福助創作的論文，所以決定以其創作為研究的核心，來探討劉福助創作風格研究。

1970 年代（民國六〇年代）的台灣在台語的流行歌壇，民眾嘴裡若唱著歌，或做為母親的為著教化自己的女兒，以及順便帶給自己娛樂，不時就會唱出：「做人的新婦著知道理，晏晏去睏就早早起，入大廳拭桌椅，入房

間繡針黹〔註1〕，……」在日常生活當中，因為唱歌俏皮、戲謔，就產生潛移默化的教化作用。而這首〈祖母的話〉唱詞，從陳龍廷的文章內〔註2〕，得知是1930年代的台灣歌謠，甚至另一首〈安童哥買菜〉可能源自日治時期的傳統歌謠。

　　此外從劉福助的創作曲目（表一），我們看到了源自傳統歌謠的創作，有的見於歌詞部分。直接表現於歌曲名稱或專輯名稱，例如〈一樣米養百樣人〉、〈歹歹尪食袂空〉、〈愛某不驚艱苦〉、《尪親某親老婆仔拋車輪》等。如同陳龍廷在《傳統與流行：劉福助歌謠的雙重意義》所言：

> 劉福助本身創作的流行歌，也有不少具有民間歌謠的詞彙。例如
> 〈祖母的話〉有不少詞彙、文句可能是出自1930年代採集的臺灣
> 歌謠。當然這些詞彙的類似性，是否意味著劉福助直接學習、模
> 擬、延續臺灣民間文學，或者說他本身就是民間文學的一部份？
> 至少，可以說他是吸取傳統的養分來孕育他的創作，在新世代的
> 流行文化裡將傳統重新包裝而獲得認同與迴響〔註3〕。

　　足見劉福助的創作源自於傳統的歌謠，藉由傳統的養分，展現自己的風格樣貌呈現。在新世代的年輕人，面對久遠年代的文化、語言、文學，如何學習輕鬆以對？此時舊瓶裝新酒的創作，更顯重要。而劉福助總是善於將傳統的歌謠、文化、俚俗諺語等，重現於創作來傳唱。也因為將傳統的重新包裝再度呈現，這傳統的重新包裝不止是在歌曲的創作，還包括了外貌的呈現。劉福助放棄了時尚的西式打扮，改以親切的在地式的服飾裝扮，而得到更熱烈的迴響。本論文將劉福助的特色視為民謠風格的創作。透過本論文，探討劉福助的創作，是一種從傳統歌謠出發，到民謠風格的研究。

表一　劉福助詞曲創作表

作詞次	曲　目	項次	作曲次	曲　目	項次
82	一月之2中國人	458	121	一月之2中國人	458

〔註1〕見劉福助創作，〈祖媽的話〉。坊間因有其他說法，謂本歌詞非劉福助所做，筆者訪談劉福助本人，問及此問題，經其本人親口確定，〈祖媽的話〉為其所創作。
〔註2〕見陳龍廷論文，《傳統與流行：劉福助歌謠的雙重意義》國家圖書館，1001217。
〔註3〕陳龍廷《傳統與流行：劉福助歌謠的雙重意義》P1.，發表於2011台灣流行音樂百年風格研究學術研討會，國家圖書館。

			夜半吉他聲	344
			宜蘭腔	419
			多歲人（老哥兒）	336
			十二星相	256
			好好想看覓	342
			度小月	445
			鯽仔魚娶某	119
			聲	340
			一年換 24 個頭家	349
			一年換 24 個頭家	484
			一年換 24 個頭家	515
			一年換 24 個頭家	242
			六月田水	16
			六月田水	28
			六月田水	385
			六月田水	441
			六月田水	499
			黑面祖師公	18
			黑面祖師公	30
			黑面祖師公	64
			驚驚	123
			驚驚	335

說明：1. 作詞次與作曲次代表劉福助不同發行的總次數，包括一首曲子在其他專輯
　　　　發行都計入。
　　　2. 項次參見本論文附錄四。
　　　3. 製表人：賴明澄。

　　劉福助從舊有的傳統出發，而創造了台語歌壇的流行，從專輯總表（見
附錄三）中，可以清楚的看到在 1968 年（民國五十七年），劉福助分別於不
同的唱片公司，共發行了九張個人專輯，一張群星合輯，引領流行的程度如
同劉福助所說的從〈安童哥買菜〉大賣後，隨後發行了《安童哥辦酒菜》，又
續發了《黑面祖師公》，張張都好賣的不得了〔註4〕。足見從傳統出發所引領

──────────
〔註4〕見附錄二訪談紀錄1001219。

流行的瘋狂程度。

　　劉福助與歌壇的其他歌星在唱歌的內容比較下，我們所看到其他歌星所唱的歌曲，偏多都是男歡女愛、紅男綠女、男女情愛、花花草草、燈紅酒綠、奪情奪愛、因愛生恨、絕情絕義、為愛思念、為愛割腸、無情的採花蜂、多情的花花公子、為愛受傷……，不一樣的情愛言說歌謠種類，就只是表達出一句台灣俗諺：「媠 bái 無底比，愛著較慘死〔註5〕！（Suí bái bô té pí，ài tio̍h khah tshám sí）」。

　　劉福助在未成名之前，所唱的流行歌謠與一般歌星沒有什麼不同，所以難以建立在流行歌壇上的名氣。一直到他放棄以斯文形象的美聲唱法，改以唱起鄉土味十足的生活歌謠風格開始，因為個人風格特色的鮮明，很快的在歌壇上建立名氣。就筆者的看法，這實在不是因為劉福助他的歌聲特別，或者是音色優美所賜，而是因為所唱的歌謠內容的特殊，劉福助的歌曲特色如詼諧幽默、言語的南腔北調、家庭與勸化、事業與立志、台灣習俗、以及台灣地景書寫等特色，為他個人建立在生活台語流行歌壇的地位。

　　然而劉福助的個人風格特殊的創作，表現了生活面的平常性，道出扎實的生活層。所以我們能夠在他的創作內找到創作年代當時的生活用語，嗅到當時年代的生活方式，了解創作時代的生活風格。一般市民的內心思想，常民的一般用語，為著生活拼三餐就要努力的常民心聲基本要求，特殊的社會事件種種，在一般歌手甚無詠敘的實況下，劉福助實在是一個唱出常民生活、替社會做記錄的歌手。戴寶村〔註6〕在《台灣阿歌歌〔註7〕》中也有指出：

> 流行歌曲就是這麼貼切著我們的生活傳唱著，也因此不僅傳達唱者
> 的心聲，也可能反映出當代社會普遍的想法與價值觀。

　　歌謠內的描述情景，會讓你的眼神會泛出回憶的目光，嘴角笑著憶當時。因常民的喜愛，自然的產生認同，甚至會產生「集體共感覺〔註8〕」的

〔註5〕台灣俗語「媠穤無地比，愛著較慘死！」台語讀音為「suí-bái bô-tè-pí，ài-tio̍h khah tshám-sí」，意思為男女兩情相悅，談情說愛。當愛情來的時候，是否會愛上對方，並非取決於一個人的外表長相，或其家世背景，一旦愛上了對方，一切條件免談，即使萬般阻攔，仍要兩相廝守，即使為對方去死，也在所不辭。足見愛情力量的偉大與盲目。

〔註6〕戴寶村：國立政治大學臺灣史研究所教授。

〔註7〕見黃裕元《台灣阿歌歌：歌唱王國的心情點播》封底戴寶村。

〔註8〕一個民族的集體共感覺形成原因，可能與這個民族的歷史、政治、經濟、社會、宗教、語言、風俗、習俗或者是文學、藝術等等有關；也可能受到某一

感情，而歌謠將歌手的認同感，漸漸就會轉化。根據劉福助專輯之一《二十四節氣〔註9〕》的〈端午節〔註10〕〉，描寫著端午節的活動情景，以及風俗文化。我們從歌詞裡看到「香蒲（hiong-pôo）」這個名詞，在現在的生活雖然過著端午節，家家戶戶大門口也插著「菖蒲」。卻是隨著時間的經過，「香蒲（hiong-pôo）」的語音竟然消逝少人在使用，取代著全面性的語音是「菖蒲（tshiong-pôo）」，甚至連各國民小學的台語教科書〔註11〕也是同樣的情形。

在劉福助的創作歌詞內，我們可以看到台灣社會文化的日記一篇又一篇，是生活的寫真集，用歌曲來記錄生活，而這些創作的源頭，都來自傳統而重新創造出來的流行風格。如陳龍廷所說的：

> 從創作角度來看，傳統是孕育劉福助的靈感搖籃。但從傳統來看，劉福助可說是繼承臺灣歌謠傳統，並共同參與整體傳統建構的一部份。〔註12〕

第二節　研究方法

一、音樂文獻的整理

第一手流行音樂文獻的整理很欠缺，對於深入研究是一大阻礙，本論文所整理的音樂文獻是針對，劉福助曾發行的專輯的創作歌謠；整理的歌詞力

個外來民族的影響或交流而造成的，另外其個民族的共感覺往往隨著時間、空間行為的變化而變化，其變化的過程也很不容易把，但是對於從事民族音樂研究者來說，在分析或了解這一個民族的音樂之前，首先，把握住這個民族的人對於屬於他們自己的音樂共同感覺，是非常必要的。謝俊逢，《民族音樂論集1》，全音樂普出版社，P231。

〔註9〕《二十四節氣》麗歌唱片股份有限公司出版，分上下集。為劉福助專輯，其中下集並與黃倩如合唱。

〔註10〕「端午節」在台灣，也有稱其為「五月節」、「肉粽節」。習俗上當天都會在家門口插上艾草、菖蒲、及榕葉以避邪。「五月節」的台語為：Gōo-guéh-tseh。「端午節」的台語為：Tuan-góo-tseh「肉粽節」的台語為：「Bah-tsàng-tseh」。「艾草」的台語為：「hiānn」。「榕葉」的台語為：「tshîng-hióh」「菖蒲」的台語為：「hiong-pôo」，非直接翻譯的台語 tsahiong-pôo。

〔註11〕見康軒出版台語教科書第十一冊節日海報。

〔註12〕陳龍廷《傳統與流行：劉福助歌謠的雙重意義》P5.，發表於 2011 台灣流行音樂百年風格研究學術研討會，國家圖書館。

求正確，已有發行的專輯，或者是唱片所附帶的歌詞，專輯 CD 的歌詞等等；若沒有附歌詞者，則會向原創作人劉福助要求支援，若再無法取得資料者，則以劉福助的聲音檔為主。因考慮到早期對台語的用字欠缺正確性，本論文的歌曲呈現部份，乃以劉福助的聲音檔為主要用字，並為本文所列出的歌曲，加以作台灣閩南語羅拼音（簡稱台羅拼音〔註 13〕）的書寫記音。也期待因這樣的整理後，能為日後學術的研究扎下資料。

　　整理劉福助的唱片發行專輯，是第一要務，本文經詳細整理劉福助的專輯發行有 50 張（見附錄三劉福助專輯總表），而這五十張專輯自 1968（民國五十七年）到 2011 年所發行，並不包括與其他眾多歌手的合輯，觀看這 50 張專輯中有華語專輯計 4 張，台語專輯計 43 張，合輯計 3 張。再由專輯曲目（見附錄四專輯曲目明細表）來查看，多達 579 首歌曲，而這 579 首歌曲共為 44 張專輯，並未計入合輯 3 張的曲目，也未計入華語專輯《淚灑愛河橋》的曲目，足見劉福助所錄製過的曲數，遠多於 579 首。

　　劉福助的歌謠創作，可以分為作詞與作曲的創作。本文的研究範圍，界定在劉福助的作詞創作研究。取材的範圍以劉福助自己發行的唱片專輯為原則，並不是以他所有的發行專輯唱片。根據劉福助的講法，早期他的創作都是與他人共同發行的唱片合輯，後來才是自己個人演唱的專輯。此外，因為劉福助的歌曲創作數量很多，本文分析研究乃以專輯發行的主打歌曲、引領流行、被傳唱在大眾所知曉的為第一選擇，也就是他的創作中所發行的專輯主打的歌，來選擇做歌謠的分析。

　　其次對創作者生平的建構，基本資料（見附錄一），這些創作背景資料，能輔助我們了解，劉福助所創作的歌詞內的時代性與社會性。我們能看到歌詞所描述根據〈兩（lióng）岸兩（nňg）家艱苦 A〉這首歌，就描寫著台灣和中國的政治政策〔註 14〕有所變化後，在台灣所產生的社會現象。原本台灣的人民是不能自由出國到中國，所以有親人在中國的台灣家庭，都非常想念在中國的親朋好友。自從兩國兩岸開放通商來，兩岸三地通商的後續問題出現著原本一個家庭一個女主人，卻變成兩個女主人分別住在不同的國度現象，

────────────

〔註 13〕台羅拼音：教育部於民國 951016 公佈閩南語拼音使用拼音的系統。

〔註 14〕自從一九八七年台灣開放中國／大陸探親啟動兩國交流以後，兩岸交流已經
　　　　近二十年。在兩國敵對的時代，台灣的人民與中國的人民，不管是在經濟、
　　　　文化、教育、娛樂等一切不准往來，且國民黨當局長期嚴守著「不接觸」、「不
　　　　開放」、「不妥協」的三不政策。

這種現象又非是少數，在世界也算真奇怪的現象。

二、田野調查

　　訪談被研究對象：採取著前往訪問創作對象劉福助的直接錄音及照相、攝影，做真實正確的訪談紀錄。也因為有透過訪問，能讓個人的檔案，以及所蒐集的資料，更加以來證明著所講的事物直接或者間接的有力證明。寄望透過最直接、深度的訪談，能夠建立從此以後的相關研究的完整資料檔，免得有漏網的遺憾。

　　筆者寫本文的一大優勢，是被研究創作人劉福助尚健康，雖然年歲已過花甲之年多多，仍然活躍在娛樂界，不像鄧泰超的《鄧雨賢生平考究與史料更正〔註15〕》，要更正欲考究的資料，訪談的對象就無法與被研究本人，做直接的對話訪談。在這個部份來講，筆者是較幸運。所以根據被研究的創作人本身所講的話，拿到一手的資料做研究，應該是較有說服性和正確性，做深度的訪談與研究更加有質性。在「深度訪談」（in-depth interviewing）在鄧泰超的講法是：

> 深度訪談與一般的調查訪問的不同之處在於，深度訪談為「質的研究」（qualitative research），而調查訪問則為「量的研究」（quantitative research）。做為「質的研究」的「深度訪談」，往往將訪談過程視為「交談事件」（speech events），而強調「訪問者」與「受訪者」雙方，共同進行意義建構（joint construction of meaning）的過程。換言之，「深度訪談」並非「訪問者」去挖掘「受訪者」已經存在於其個人腦海中的想法與情緒，而是透過雙方互動的過程，共同去「經歷」、「選取」與「感染」，經由如是過程所重新建構的意見與情緒。因此，「深度訪談」的所得，是「受」、「訪」雙方經由持續的互動（即「深度訪談」的歷程）所共同營造出來的〔註16〕。

　　根據以上，我們就能夠很清楚深度訪談，比一般的訪談是更加具有深入性、更加有互動性、更加有內容性、更加有探討性、更加有建設性，也更加有質性。而且，所花用的時間也加添很多，所以經過深入訪談的過程的研究，

──────────

〔註15〕鄧泰超，《鄧雨賢生平考究與史料更正》，國立台灣科技大學管理研究所，碩士論文，九十八年十一月。
〔註16〕見鄧泰超，《鄧雨賢生平考究與史料更正》，2009，P11。

所欲呈現的是事件表現描述的清楚和條理、說明、應證。

　　本文訪談的對象，專注於創作人劉福助個人，訪問的方式，從電話的聯絡開始，到與劉福助本人的訪問紀錄，都是極重要且必須的。筆者透過國立台灣藝術大學授課老師王中平開始尋問，經從中華民國影劇歌舞服務全國總工會〔註17〕（簡稱中華演藝總工會）開始連絡，和劉福助的經紀人連絡後，直接與劉福助本人連絡上，爾後每次的親自訪談和探訪內容都是論文的寶貴資料蒐集。

三、歌詞引用凡例

　　台語歌謠的歌詞創作者就只有早期在台灣民間源流的「歌仔冊」一般，寫作表現上並不在講求本字、正字的用法探討，加上長期在台灣的教育制度，也未針對台語這個語言的教學，所以在台語流行歌謠的歌詞創作表現，只有以口說方便發音、以似聲、倚聲近音韻為主，這種情形並不是只有發生在特定的創作者，乃是普遍性的一種情形。因此，久長以來台語流行歌謠的歌詞所使用的文字與流傳的語音，其中文字、語音互相的關係及變化，反而是值得分析的話題，較進一步來講，更加是研究台語語音的最好的樣本，及建立台語的詞彙語料庫。

　　歌詞台語的讀音，是以教育部在 2006 年（民國九十五年）10 月 16 日公佈的「台灣閩南語羅馬字拼音方案系統」，簡稱「台羅拼音」系統，來書寫著台語詞的讀音。本文的註腳，若以解釋台語語詞時，則以台日大辭典的解釋為主，若查無該語詞註解時，則以教育部閩南語常用詞典為輔，當二者出現時代解讀不一時，則二種同時並行。

　　符號的使用：因為是台語歌曲，引用歌詞時，並在每句的歌詞後面，皆有以台羅拼音系統的語音呈現，放在小括弧內，字體為 12 號字呈現，所以小括弧內即呈現該句歌詞的台語拼音。

　　和音歌詞：放在中括號內，字體為 10 號字。

　　華語歌詞：劉福助的歌詞創作，雖為台語歌曲，往往加入了其他語言如華語、英語，該句歌詞中混有華語時，以雙引號『　』框住。

〔註17〕娛樂界的演藝人員會透過加入演藝協會、全國總工會、臺北市影劇歌舞職業
　　　　工會、全國演藝總工會等，以求工作的保障。會址：108 台北市萬華區峨眉
　　　　街 122 號 5F-5。

英語歌詞：劉福助的歌詞若加入了英語詞，則以斜體字呈現。

專輯與單曲：為區別對劉福助的專輯名稱或單曲，將專輯名稱加以雙尖符號《》，例如《十憨》。單曲加以單肩符號〈〉，例如〈十憨〉。

第三節　研究貢獻

一、從傳統的勸世到本土語言教育的功能

劉福助的創作中，文字帶著生活的內涵，以及生命的延續，展現出他獨具台灣在地深度文化與文學的價值，並從他的創作中保留了大量的台語生活語料語音，這樣的有聲語料，在此刻的時間點最適合作保存，對台語漸於陌生流失年輕的下一代，檢索起生活的台語，更顯彌足珍貴。

學校的教學方面：用歌謠來做學生的本土語言教學補充教材，在本文內會有相當多適合的歌謠選擇，來做補充教材。根據劉福助的〈宜蘭腔〔註18〕〉（見本文第四章）該首歌，就能夠讓學生學到宜蘭地區的特殊腔調，對歌謠了解、研究地方的語音學，教起來學生輕鬆無壓力，學起來也清楚。

家庭子女的教化方面：早前的臺灣人民，教育水準不是全面性的普遍，尤其是對女子而言，對著教化子女的理念以及知識來源，歌謠是一種極具有教化的功能。根據〈祖媽的話〉（見本文第五章）歌詞內底，就能看到女子成年，長大嫁夫後的家庭教育，做人晚輩、媳婦奉待公婆姑嫂的舉止、心態。頭一句就很明確來說起。

這樣的教育功能不只在學校方面，對子女的家庭教育也功不可沒。早期教育不普及時代，口傳教育下，以歌謠來做教育的手段，也是一種方法。未出嫁的女子若口唱著此首歌謠，也能潛移默化的知曉為人媳婦的難處，以及為人媳婦的態度。當身分從女兒改變成媳婦時，當居住環境從原生家庭到新生家庭時，心態的調整及面對新生活態度，都是重要的考題；學校沒教的，從歌曲中娓娓唱來，也能了解一二，足見歌曲是有著教育的功能。

台灣俗諺講：「少年袂曉想，食老著毋成樣（Siàu-liân bē-hiáu siūnn，Tsiàh-lāu m̄-tsiânn-iūnn）。」以及「少年若無一擺憨，路邊哪有有應公（Siàu-liân nā-bô　tsit-pái gōng，Lōo-pinn ná-ū Iú-ìng-kong）」。對人生道理的瞭解，用簡單明

〔註18〕〈宜蘭腔〉在市面上亦有人稱作〈宜蘭調〉或〈蘭陽調〉，歌名雖有不同，卻都是同一首內容的歌曲。

瞭的話語勸人就要學好、不要老來才來懊惱、後悔。有一首歌不是劉福助的創作，但是對傳播言他的功勞也不少，講的都是人生的大道理。在早期播放的歌曲中常常聽到，現在的父母反而很少唱給小孩聽，也因為唱的音樂、樂器的呈現單調，加上小孩對台語語言的生疏，會大聲唱三兩句〈勸世歌〔註19〕〉的年輕人就真的不多。

　　台灣的民謠有很多的勸世歌謠，而在台語歌壇，現在年代就以劉福助最擅長最常傳唱此種類型歌曲，藉著勸世歌謠內容，唱出做人、做事的人情義理、人生處事態度，不斷傳唱著勸化道理，傳唱的過程就達到勸化的功能。未能理解人生道理、對人生懵懵懂懂的人，在三番兩次的聽著、唱著此類的勸化歌曲，想必能自心中深處引起共鳴，進而能及時阻止錯誤的觀念產生，以及偏差行為出現，而能達到勸化的功能。

　　輕鬆又自在的歌謠，往往就是一種漂亮、美的表現，會漂亮、美是因為有句子押韻或相關用語合句，不只好記又真好聽，用來上課教學使用都是很好的教材，另外一方面，拿來做韻腳的欣賞和研究也是另外一種貢獻。在日常的生活，我們嘴裡所講的祖先留下來的俗諺語，多數都是有對句、有押韻。歌謠用詞若運用著押韻的特色，基本上就具備著好唸好記的特色，加上優美的作曲，一首創作要不紅都還困難。張瑞光在押韻方面有他的看法：

> 分別探討詞彙、諺語、歌謠等運用押韻的情形。押韻運用是逐漸形成規律的，它和對仗及節奏配合具有好唸、好記的特色。本文初步統計，台灣俗諺語超過半數以上都具有押韻的特點。在歌謠中，押韻和節奏、聲調配合，形成台語的音樂性。本文認為在以口語傳播為主的環境，會有說完即消失，內容太多的話，不容易記住，而且容易造成混淆的情況，這些缺點可能與形成台語使用押韻易記易學的特點，來加深人們的記憶有關〔註20〕。

　　歌曲要能琅琅上口，簡哼易唱，歌詞內容的韻腳要能有所表現，也就是說要在其所創作的歌詞，必須有著押韻的功力表現，要擇其一韻到底，或是段落換韻腳，在在都考驗著創作者。台灣的傳統民謠或兒歌，甚至俗諺語，創作者都是善用押韻的方式，不管其押韻的方式不一，都讓人容易上口、喜

〔註19〕見《思相枝／安童哥買菜》，1968年，五龍唱片出版社 WL-1001。
〔註20〕張瑞光，《台灣信仰習俗中的語言文化研究》，國立臺灣師範大學：台灣文化及語言文學研究所，碩士論文，2007。摘要。

歡說唱、進而達到記憶、學習功能，可見歌謠是具有做韻書的功能。

以歌謠內的用詞，斟酌來做語詞的收集，再來將語詞注解，做語詞的釋意，就成一個語料庫的建立，能夠提供日後有人研究同方向，甚至延伸補充的資料參考。陳信宏指出：

> 所謂語料庫，就是蒐集大量語言實際範例，譬如報章雜誌與書籍內容，而形成龐大的語言資料庫。如此一來，使用者便可經由簡易的查詢動作，立即獲得眾多語言實例，從而得知母語使用者有哪些習慣用法，亦可經由上下文的比較而了解詞語當中的細膩意涵〔註21〕。

從上面的解釋我們便可得知，只要蒐集大量的語言實際範例，即可形成龐大的語言資料庫。在語料這方面的收集，往往忽略到了從歌謠方面著手，歌謠是生活的筆記，真實唱出記錄生活面；在情感方面尤其傳達深刻，往往入木三分讓人為之心動。從另一方面來看，歌謠的素材往往貼近生活，甚至取自生活各層面，蒐集歌謠的語詞，也往往與從報章雜誌類的語詞，有所差異，功能不同，使用的語詞著手處、考量點就會有不同。所以在蒐集語料方面，從歌謠下手，不失是個獨特的方向。

藉著對歌謠的語詞注釋，而產生了台語詞的語料庫，能夠從劉福助的創作中整理出台灣在民國四、五、六十年時代的生活用語的語詞，對下一代的年輕人來講是極寶貴的資料。劉福助的創作特色之一，就是用著大量的生活用語，就是台語白話大量資料的來源之一，在這個期間台灣的文學少有用到台語文來書寫。

劉福助是一個在台灣出生、長大，到現在都住在台灣，生活中他也都是用台語在溝通，他抱著黃石輝的寄望，寫著台灣的真正生活文學。這種文學是生活中的感情、生活的內涵、生活的自尊、生活的文化。從他的創作歌謠中因蒐集、註解、分析而能成為台語的語料庫，相信也是頭一遭的建設。

二、從娛樂到文化傳承功能

台灣俗諺講：「一個死，一個頂，按呢較袂絕種（Tsit-ê sí，Tsit-ê tíng，án-ne khah bē tsuàt-tsíng）。」傳承的意義表現無遺。歌謠隨著年代的變遷，在創

〔註21〕見〈台北 e 大鮮活管理報，陳信宏淺談語料庫〉，臺北市政府公務人員訓練中心發行 2006 / 06 / 29 第 101 期。

作的內容、樂器音色的表現雖有所差別，不過傳承的功能並沒有消失。根據黃裕元對歌謠具有傳承的功能看法，在《台灣阿歌歌》就寫著：

> 流行歌則與庶民或常民，甚至一般市民的感覺相呼吸。因此，從流行歌或大眾文學，通常可以了解一般民眾的生活情境與樣。……歌曲穿透了時代，在我的腦子裡盤旋，我隱約感受到，父母、祖父甚至曾祖父那一代的場景和氣氛，是笑是淚，是放浪還是壓抑〔註22〕。

歌謠確實具有著傳承的功能，我們此刻若高唱著母親教我們唱她當時的時代的歌謠，日後我們又將此歌謠教給我們的下一代、下下代，如此代代口耳相傳，總是傳承的一種最自然、毫無矯情的方式。從這樣傳承的過程中，讓後代子孫了解到祖先們的生活、文化、情感；腦海中的底層自然有著祖先們的情感氛圍駐紮，感受到祖先們喘息呼吸。

在現在要看到過去，台灣早前祖先的生活有什麼特色？先民的生活歷史中是產生怎樣的常民文化？在生活的日子中產生怎麼樣的互動？是不是不分時間、空間環境，都能從歌謠內看出蛛絲馬跡、找到線索？「語言」就是「文化」，從這就能看得清清楚楚，一句諺語就能描寫出時代的變遷與種種酸、甜、苦、澀，鹹、淡，蔡蓉芝針對著語言和文化在她的論文也有指出她的看法：

> 本文針對台華諺語作的對比中，發現在語言方面，台語的語序較多樣化，句子的組合也較漢語靈活，可能是語言接觸的影響，或是語言演變的結果。在文化方面，則發現兩者皆偏向宿命論，認為命是天定，由不得人，婚姻子嗣都是命定，生老病死，莫不由天安排，如：台諺「姻緣天註定」，漢諺「命裡有時終須有」。其次，兩者的宗教觀略有不同，台語偏向道教文化，華語則偏向佛教文化〔註23〕。

根據翁嘉銘在《迷迷之音：蛻變中的台灣流行歌曲》也極確定歌謠為文化的功能：

> 文化的高度包容及融合性格。尤其是民間歌謠反映了當地民眾政、經、社會關係，傳達心聲與情感，有控訴和怨嘆的發洩作用，只要

〔註22〕見黃裕元，《台灣阿歌歌》，李永熾推薦序，聆聽庶民的心情感受 p4-p5。
〔註23〕蔡蓉芝，《從台華諺語看語言與文化》，國立臺灣師範大學：華語文教學研究所，碩士論文，2001。摘要。

長期生活在同一社會文化情境中，都可能受其薰陶、感染、語言的
隔閡就很容易超越了。……文化的高度包容及融合性格。尤其是民
間歌謠反映了當地民眾政、經、社會關係，傳達心聲與情感，有控
訴和怨嘆的發洩作用，只要長期生活在同一社會文化情境中，都可
能受其薰陶、感染、語言的隔閡就很容易超越了〔註24〕。

　　語言是文化的活化石，而歌謠就是語言的活化石；從語言中我們可得
知、了解祖先們的生活內容，進而明白文化內涵，知道其所要的傳達。而歌
謠若經傳唱後，其語言生命不死，即使該語言奄奄一息，或已不存在，但歌
謠仍被唱下來，該歌謠語音仍存在著。

　　早期的台灣以農業為主，多數農人的娛樂，是在宗教儀式中伴隨出，隨
著時代、科技的進步，歌謠也漸漸形成娛樂的單獨存在，也因為科技的進步，
歌謠表現的手法、種類豐沛，成為大眾娛樂的一大功能。在這方面，周明傑
也肯定對歌謠的娛樂功能：

近代歌謠最大的特徵，在旋律上是起伏更大的音程以及更廣的音
域；歌曲節拍呈現一致性，少有即性式的自由拍子出現；曲式上，
多種多樣的形式被創造出來，而不再拘泥於傳統的形式；歌詞表達
上更白話，素材貼近生活，使得一般人都能上口。而日常生活與歌
謠的關係，也因為生活的改變，歌謠開始有表演的形式出現，歌曲
提供了生活上娛樂的功能〔註25〕。

　　《禮記·樂記》說：「夫樂者，樂也，人情之所不能免也。樂必發於聲
音，行於動靜，人之道也。聲音動靜，性術之變，盡於此矣。」音樂能夠表
達人類情感、傳達內心意念所在，用聲音美調來舒發，對著事物、真理的
真、善、美的追求與喜愛，就是天性如此；人藉著音樂的薰陶，進而使情理
平衡、情感昇華、甚至治療內心傷痛、促使身體康健生活喜樂。時至現代的
改變，歌謠已不再單純是聲音的獨自美感表現，創作歌曲中也加入了各項
的元素，是歌謠呈現更加豐富，更加滿足娛樂的功能。

　　台灣俚俗諺說：「欲知世情的代誌，著愛聽人唸歌詩（beh tsai sè tsîng ê

〔註24〕見翁嘉銘，《迷迷之音：蛻變中的台灣流行歌曲》，台北市，萬象出版，1996，
　　　　P252。

〔註25〕周明傑，〈牡丹部落（sinvaudjan）的近代歌謠〉，國立台北藝術大學音樂學：
　　　　博士論文投稿，86 月 12 日 http://www.cultural.pthg.gov.tw/folkmusic2009/se
　　　　052_9.html。

tāi-tsì，tiòh ài thiann lâng liām kua si）」。可見得從歌曲裡頭就能尋找到生活文化的脈絡，唱曲記載著生活面向的點滴，記錄了敘事原委，真實呈現的交待給後代。台灣早期教育未普遍化以及貴族化的過程，以致於文字書面化的缺乏，那麼，就更顯現出從歌曲找尋先人的生活、事蹟、典故的重要性與必要性；從口傳的唱聲中尋找文化，因為缺乏了可依循的書面，也呆滯了台灣大眾對台灣文化的認知及發展。

廖漢臣在〈新歌的創作要明白時代的課題〉一文中，也對於歌曲創作者的創作方向，提出了以下的建言，他說：

> 作者不特要使民眾娛樂，且要指導民眾的生活才是。不特於它的內容要如此，就是形式方面，也須留心注意。……用字固然不可苟且，措詞也要慎重，而描寫要著切實自然，而無矯揉造作〔註26〕。

陳君玉在〈台灣歌謠的展望〉一文中，對於新興的「台語流行歌曲」，有著以下的擔憂與呼籲，他指出：

> 此後的流行歌的責任非常的重大，為著我們台灣的人心美化，為著我們台灣的人生樂園，必要徹底的加重注意……歌仔曲已被認為傷風敗俗的東西，流行歌千萬別再復轍在那條軌道的上面，同時不要忘記歌謠是人心美化的工具，文化向上的推進機，決不可粗製濫造，而紊亂文化上進的條律〔註27〕。

廖漢臣與陳君玉兩人都指出流行歌曲有文化的責任，歌曲對文化的保存、歌曲是文化向上的推進機；所以創作者對歌曲的責任是重大的。而劉福助的創作在台灣文化的保存也功不可沒，以傳統民謠的創作傳唱，以及二十四節氣創作，在創作的節日習俗，可以說完全的真實記錄，例如：〈三月掃墓節〉，「子孫有孝拜祖先（Kiánn sun ú hàu pài tsóo sian），一代一代相牽連（Tsit tāi tsit tāi sio khan liân），挹墓粿的囡仔二三層（ip bōng kué ê gín á nn̄g sann iân），細漢的愛粿（sè hàn ê ài kué），大的愛錢（tuā ê ài tsînn）。」這樣記錄著帶著子孫，去掃墓時的習俗活動，小孩子依其年紀大小不同心思各異，年紀小的小孩一心想分得墓粿，好享受美食口慾；而年紀稍大的小

〔註26〕廖漢臣〈新歌的創作要明白時代的課題〉，《先發部隊》「創刊號」1934 年 7 月 16 日，P17。

〔註27〕陳君玉〈台灣歌謠的展望〉，《先發部隊》「創刊號」，1934 年 7 月 16 日，P14 ～P15。

孩，更想分得到些許的金錢，好做更實質的心願；這樣真實的紀錄一點都不需加油添醋，毫無矯揉做作，正如同廖漢臣指出的「描寫要著切實自然，而無矯揉造作」，也符合陳君玉的呼籲「不要忘記歌謠是人心美化的工具，文化向上的推進機，決不可粗製濫造，而紊亂文化上進的條律」。

　　隨著時代前進的腳步，新世紀的下一代能體會、保存台灣文化的價值就更顯重要，文化的學習更應扎根於學童，非一昧的學習時髦、先進國家的外語，而忽視了自己的文化。林光華所言：

> 生於斯長於斯，先輩們累積了多年的生活歷練，在台灣這塊塊土上
> 奉獻犧牲，但環視今日本土文化、鄉土文化在國際化潮流的衝擊下，
> 漸漸模糊不清，如不加以珍視與自我省思，有朝一日台灣惟恐被蹂
> 躪於文化沙漠之中〔註28〕。

　　若從劉福助的創作歌曲中，來做文化學習，實在是一個好方向，也是文化學習的良好補充教材，例如：〈五月端午節〉，「五月肉粽囉端午節哩（Gōo gueh bah tsàng lo~ Tuan ngóo tseh li~），艾草香蒲啊門斗楔啊（hiānn tsháu hiong pôo ah mn̂g táu seh ah），鑼聲鼓聲龍船划（Lô siann kóo siann liông tsûn kò）」。端午節在台灣是三大節日之一，也是國定假日，民間對此節日有特別的習俗，從歌詞中就可見到了先人過端午的畫面，家家戶戶門口要插艾草及香蒲，這樣的過節過程並產生了俗諺「插艾較勇健（tshah hiānn khah ióng kiānn），插榕較勇龍（tshah tshîng khah ióng lîng）」這樣的文化學習材料實在自然極了。

　　劉福助從傳統的歌謠吸取創作經驗，因其愛唱民謠，在他的創作中出現了大量的傳統民謠或改編自傳統民謠，經過了傳唱，這樣的自然保留了台灣的文學價值。而劉福助常有習慣每到一個地方，總會留意到當地的在地歌謠，收集、紀錄、採譜在地歌謠，也實為台灣文學做了保存。而同樣為台灣民間歌謠的保存收集，早先的李獻璋更是花了不少時間在民間歌謠的收集，賴和在李獻璋的《臺灣民間文學集》的序中稱讚著：

> 這一次，幸而經獻璋君不惜費了三四年的工夫，搜集約近一千首的
> 歌謠，謎語；更動員了十多個文一同好者，寫成二十多篇的故事和

〔註28〕林光華著，1999 年 1 月，〈本土文化展韻味〉，《台灣諺語拾穗－閩南語篇》，P.3，楊兆楨編新竹縣立文化中心出版。

傳說，這不能不說是極盡台灣民間文學的偉觀了〔註29〕。

足見歌謠是臺灣民間文學的一種方式，而劉福助的創作歌謠，正為台灣民間文學再加分、再堆疊中。劉福助的創作中亦不時出現台灣先人的智慧精華，俚俗諺語的使用，在《二十四節氣》專輯中大量出現了農諺，而歌曲當中所出現的俚俗諺語亦是台灣文學的表現手法之一。諺語不但為重要的民間文學之一，更是為重要的文化史料，如前彰化縣長阮剛猛在〈親切而質樸的聲音〉一文中所言：

> 當這些直接反映社會、歷史、宗教、倫理和風俗的口傳母語，一代代被錄音下來，一字字被寫定為書面資料，那帶著鄉土感情及文化特色的故事、歌謠、諺語、歇後語、謎語，使成為可解讀、可推理、可思考、可存續、可考據、可研究、可教育的文化史料〔註30〕。

先人生活的經驗累積，用以精簡賅要、一語道出生活處事要點，或以正述、反述表達語意，或以幽默諷刺口吻道出，或以隱喻傳真的傳達。精華的俚俗諺語，就是生活的精采與精華的再現。

第四節　論文結構

論文為建立在兩個結構上，一是劉福助的演藝生涯的整理，二是關於劉福助的創作歌謠的整理。在劉福助的演藝生涯的整理，主要討論劉福助，如何從電台的聽眾，到走入電台成為立志中的歌手。以及討論劉福助如何從傳統的歌謠出發，到民謠風格的建立。再討論到劉福助創作生涯中的重要夥伴。以及討論到劉福助的得獎作品。並討論到西元兩千年後劉福助的新作品。

在關於劉福助的創作歌謠的整理，本論文將劉福助的創作歌謠的特色做討論，主要是科諧幽默，見第三章。語言的南腔北調，見第四章。家庭社會觀點內容具有教化，見第五章及第六章。還有比較特殊的台灣習俗及台灣地景的描寫共四點，見第七章與第八章。

〔註29〕李獻璋《臺灣民間文學集》（一），1936，P2。
〔註30〕阮剛猛著，〈親切而質樸的聲音〉，《謎語・諺語篇〔一〕》，頁1，胡萬川編，1995年，彰化縣立文化中心編印出版。

第二章　劉福助的演藝歷程

　　2011 年七十有一，在台語流行歌壇自稱「小劉」的劉福助，在歌壇實在有不可被取代的地位，放眼望去歌壇一片新人崛起，猶如浪水滔滔翻轉，在這種快速汰舊換新、喜新厭舊的娛樂界，藝人個人特色是否能被取代、被替換，關係著該藝人在娛樂界的表演存在生命。然而正如杜文靖所說的，台語流行歌壇出現了一個怪傑，這個怪傑怪不在外表長得奇怪、怪不在舉止行為的異怪、怪不在矯情自飾的搞怪；這個怪傑傑在出色的游魚得水的曲調風格語詞境意、傑在莞爾的一笑置之的心定理得、傑在平淡的一語破的精采心動、傑在似有似無的潛移默化的勸誡習得遷移。如此的怪傑，讓劉福助從出道至今數十年無人能取而代之，仍活躍於五彩繽紛的藝壇，歷久彌新且深受肯定與尊重。

　　劉福助創作以民間歌謠出發，用以熟悉的語言、生活的背景，加入自己特有的見解，與自己的歌謠創作做結合，在流行歌壇上產生出獨特性的藝人，這樣以民間歌謠創作呈現的歌曲藝人，極受當時觀眾的歡迎，娛樂界給予不同的封號，不管其封號為何，封號背後的本質，仍顯見其創作源頭為民間歌謠。

　　劉福助的歌曲往往就是生活的內容，歌曲除了傳唱以外，從他所傳唱的歌曲可看到，台灣俗諺語的內容面向相當豐富，生活中各個層面幾乎都有其相關的諺語。以現今的新世代不能操用流利的台語言，這樣的歌曲詞對提升台語的能力是有助力的。在《文化視窗》也鼓勵著人人都應該養成能喜歡、愛用台語的態度與行動。這一點在國民中小學九年一貫課程綱要，有關閩南

語能力指標也指出「養成願意說閩南語的心態〔註1〕」、以及「養成愛用閩南語的態度〔註2〕」也同樣呼應。張學謙引郭明昆之言所述：

　　　　大家愛惜福佬話，愛育福佬話文，台灣話文自然就誕生發展。〔註3〕

　　劉福助在台灣的台語歌壇有著如此舉足輕重的地位，筆者將以更鉅細靡遺的筆述，知情識趣來辨徵之聲。此章將以劉福助的從電台小歌迷的夢想與實現、從民搖出發到創作、解嚴後金鐘金鼎加持的作品、西元兩千年後新作品、及小結作敘述。

第一節　電台小歌迷的夢想與實現

　　「劉福助」是藝名，其本名為「劉睿騰 Lâu Juē-thîng」，於 1940 年（民國二十九年）出生於台北縣的中和市，生於此長於此。在八歲那年就讀於現今的新北市中和區中和國民小學，於十三歲那年突遭逢人生中的喪父之痛，這樣突來的家變，也因此差點無法如期小學畢業。劉福助的父親是個從事修補皮鞋的工作，這樣的行業經濟收入並不豐富，在喪父之後的劉福助，家中經濟就顯更加拮据，自然無法如願再升學。

　　然而年紀雖小卻也清楚當自立更生，曾一度當過擦鞋小童，但仍未忘記過心中的立志與最愛，一面找尋讓自己能有實現心中最愛的機會，那就是唱歌，要唱很多的台語歌，以及創作很多的台語歌曲。一路走來，面對困難不管有多艱辛，從未有放棄過心中的最愛。上天也給了機會，讓小小年紀在十五、六歲時的劉福助，有了展現歌喉的機會，能在民本電台讓台灣的聽眾，聽到他的歌聲，這是他綻放光芒的第一次，與心中的立志實現距離縮短了。

　　爾後，劉福助更加把握機會，在歌壇上與創作上一路走來始終如一，從不放棄心中的最愛。如今也被新北市中和區視為文化傳承之國寶，並頒予殊榮。劉福助從小就特別鍾愛台語歌曲，不時能隨口哼唱著，哼唱台語歌謠就是唯一的興趣。而學習唱歌的途徑，就是從收音機裡聽各電台播放出的歌曲，

〔註1〕見《國民中小學九年一貫課程綱要語文學習領域》，92.01.05 台國字第
　　　　092006026，教育部，閩南語說話能力 2-1-2。P.64。
〔註2〕見《國民中小學九年一貫課程綱要語文學習領域》，92.01.05 台國字第
　　　　092006026，教育部，閩南語說話能力 2-2-3。P.65。
〔註3〕張學謙著，2000 年 5 月〈由台灣諺語談台語文學之美學〉，《文化視窗》，頁
　　　　14～20。

劉福助回憶過往當年說：

> 從小就愛哼哼唱唱，而最愛哼唱台語歌謠，在十一歲那年，第
> 一次從收音機聽到中廣播出台語歌謠〈秋怨（tshiu-uàn）〉，受到莫
> 名感動，於是立志將來要創作很多台語歌謠。
>
> 一種莫名的感動深植我內心，也更加確定自己的立志，未曾動
> 搖過的信念就是喜歡唱台語歌，以及要創作很多台語歌謠。這樣的
> 感動、立志，讓自己更顯喜愛唱歌，也從未間斷過哼唱台語歌謠。
> 一路一直如此走，在十五、六歲時，有了表現的機會，自己被當時
> 的「民本電台〔註4〕」邀請上「大家唱」節目，初次的表現讓人難
> 忘也受聽眾喜愛，此後成為電台常客。十七歲開始就做全省的巡迴
> 演唱，開始展露我台語歌謠演唱才華。〔註5〕

一首能改變一個人的台語歌曲〈秋怨〉（見附件五，引用歌詞索引），劉
福助因為聽了它，受到了莫名的感動，奠定了他的立志。〈秋怨〉是楊三郎的
作曲，周添旺填詞，原名為〈會仔枷（huē-á-gê）〉，發表於 1957 年（民國四
十六年），原本歌詞內容為勸世方向，由於當時年代的台灣社會，民間流行著
跟會以賺取厚利，時間一久也衍生出會頭倒會，使得會腳血本無歸，導致家
庭風波不斷。這樣的原意是有勸世的意味，無奈未曾因此曲傳唱，民間的跟
會情況有所改善，而這樣的曲式似乎也未引起共鳴而被喜愛。然而同樣的這
一首曲，後來經鄭志峰重新填詞，加以改造，這一改詞後將原本勸世風格，
金蟬脫殼似的變成少女情懷思君怨命的訴情歌。1957 年推回計算當年劉福助
十六歲，為何能於十一歲就聽到此歌曲？劉福助說：

> 該曲以〈會仔枷（huē-á-gê）〉傳唱時為 1952 年（民國四十一年），
> 後為〈秋怨（tshiu-uàn）〉傳唱時，也非 1957 年，在當時唱片公司
> 與專利皆不存在心中或制度時，有了歌曲就可以拿出來唱，該歌曲

〔註4〕民本電台：於民國三十五年九月十五日於上海市福州路吳宮飯店頂樓正式播
　　　音，當時的台長為瞿樹榮先生，副台長為徐忠良先生，總編輯為黃靜安先生。
　　　民國三十八年五月十八日撤離上海，五月二十二日抵達台灣。同年九月十五
　　　日在台北市重慶南路一段 106 號恢復播音。當時中國大陸一百多座民營電台
　　　中，民本是唯一追隨政府來台的電台，也是台灣第一家民營電台。今日矗立
　　　於環河南路上之民本大樓係自民國六十九年啟用迄今。民本廣播收聽頻率為
　　　AM1269 及 AM855，發射範圍涵蓋大台北地區，現任董事長兼總經理為呂美
　　　珠女士。http://www.mingpen.com.tw/a.html。
〔註5〕劉福助口述並提供資料，990916。

是在我十一歲時就聽到沒錯的。〔註6〕

這樣的說法我們就能明白，劉福助在十一歲時曾經已聽過此歌曲，若以〈秋怨〉為歌名時的歌曲，該歌曲曲調唱起來幽然動聽，絲絲的情意，游走心間，扣人心弦，對正值要邁入青少年階段的年齡層，或有情竇出開的蘊底，聽起來自然別有一番新意自解在內心。

行到溪邊水流聲（Kiânn kàu khe pinn tsuí lâu siann）

引阮頭殼痛（Ín gún thâu khak thiànn）

每日思君無心情（muí jit su kun bô sim tsiânn）

怨嘆阮運命（Uàn thàn gún ūn miā）

孤單無伴賞月影（Koo tuann bô phuānn siúnn guéh iánn）

也是為著兄（iā sī uī tióh hiann）

怎樣兄會毋知影（Tsuánn iūnn hiann ē m̄ tsai iánn）

放阮做你行（Pàng gún tsò lí kiânn）

當獨自的走到溪邊，這原本悅耳潺潺的水流聲，卻讓人的頭隱隱作痛，每天無時無刻的思念著心中的愛人，生活上一切事物總提不起心思，真是怨嘆自己的命運，怎麼就如此的孤單，連欣賞月亮也無人可相伴，這樣寂寞的走在月光下，揪著一顆想念的心，心中裝滿思念著愛人，怎麼愛人完全沒能感受到思念的心緒、渴望與愛人在一起寂寞的一顆心呢？愛人啊！怎麼可以毫無感受的放著自己孤單在此的思念，愛人就這樣離去遠行。

黃昏冷淡日頭落〔註7〕（Hông hun líng tām jit thâu lóh）

思念阮親哥（Su lāim gún tshin ko）

看見孤雁飛過河（Khuànn kìnn koo gān phue khuè hô）

目屎輪輪遨〔註8〕（Bak sái liàn liàn gô）

予阮有哥也若無（Hōo bún ū ko iā ná bô）

無人通倚靠（Bô lâng thang uá khò）

人人講阮佮君好（Lâng lâng kóng gún kah kun hó）

想著心齊糟〔註9〕（Siūnn tióh sim tsiâu tso）

〔註6〕劉福助口述，見附錄二訪談紀錄，1000422。

〔註7〕日頭落：讀音「jit thâu lóh」，太陽下山的意思。

〔註8〕遨：讀音「gô」。根據台日大辭典解釋為「(1) 中心無振動 teh 旋，迴轉。(2) hō 火車等鉸（kàu）tióh。(3) 拖 teh 旋。(4) 纏盤。」P.529。

〔註9〕糟：讀音「tso」。根據台日大辭典解釋為「胸前艱苦。」P.857。

太陽西下後的黃昏更顯涼意，此刻孤單的心更加思念著愛人，抬頭望見一隻孤雁，孤單的在空中盤飛，寂寞的單影飛過河，見到此景，觸景傷情的想到此刻的自己，如同空中孤雁一般的落寞。不聽使喚的眼淚滴滴落下，熱淚兩行掛在臉頰，這樣的心緒那堪寂寞兩字了得！心中都是愛人的影子，卻無法相伴身邊，如此兩分離，到底是否一對情侶？旁人都說是與愛人是兩相好，想到這，一顆心亂糟糟一切悲傷由然而起。

> 月色光光照山頂（Guéh sik kng kng tsiò suann tíng）
>
> 天星粒粒明（Thinn tshinn liȧp liȧp bîng）
>
> 前世無作歹心行〔註10〕（Tsîng sè bô tsò pháinn sim hīng）
>
> 郎君遮絕情（Lông kun tsiah tsuȧt tsîng）
>
> 開窗無伴看月眉〔註11〕（Khui thang bô phuānn khuànn géh bâi）
>
> 引阮空悲哀（Ín gún kang pi ai）
>
> 彼時相親佮相愛（Hit sî siong tshin kah siong ài）
>
> 哥哥你敢知（Ko ko lí kám tsai）

夜晚的月光照亮著山頭，夜空中的星星份外的明亮，想著自己的前世，應該也不是個狠心逞凶鬥狠、作威作福的人才是，怎麼碰到心愛的人，是如此狠心無情無義的相對待？當輕開窗戶孤單望月時，月亮啊！怎麼你也孤單嗎？此刻的孤單無限的悲哀，想起從前與愛人你儂我濃、卿卿我我的情意，如膠似漆的情愛，心中的愛人啊！可知道嗎？

〈秋怨〉是一首優柔婉約的曲調，孤單極度思念愛人的寂寞一顆心，這樣女性的歌曲，能吸引住一個大男生，是否與當時正年少，情竇初開、為賦新詞強說愁的少年心有關係？劉福助說當年為十一歲時聽到，是有莫名的感動，顯見早熟的他，愛苗似乎正在底層醞釀著。而驚奇的是，因為聽到這首歌而立志未來要創作的他，未來中其所創作的風格，卻與當時所被影響的風格大相逕庭，實在有趣。

十七歲那年的劉福助，應「大王唱片公司〔註12〕」等之邀，錄製了〈思

〔註10〕歹心「行」：讀音「hīng」。根據台日大辭典解釋為「劣（loat）根性，狡獪。」P.630。

〔註11〕月眉：讀音「géh bâi」。根據台日大辭典解釋為「（1）初三 ê 月形 kah-ná 目眉，弦月。（2）半月形。（3）括弧。用～～圈（khong）。」P.427。

〔註12〕大王唱片公司：創立於民國四十一年，原名「中國唱片公司」，後改稱為「大王唱片公司」負責人許石，創址於三重市河邊北街九十號。民國四十二年，

相枝〉、〈丟丟銅〉、〈卜卦調〉、〈五更鼓〉、〈桃花過渡〉、〈病子歌〉、〈草螟弄雞公〉、〈茶山相褒〉……等專輯民謠歌曲，於台灣民間廣為傳唱。同時也在十七歲時拜許石前輩為師，學習台語歌謠的演唱技法。

　　二十歲的劉福助，也正是服兵役年齡，在馬祖前線中興康樂隊當兵，當時擔任主唱兼教唱工作。退伍後，因優異的演唱分別被中國廣播公司，以及台灣電視公司延聘簽約為歌星，並開始為國內數百部國台語電影做幕後主唱。劉福助說在他退伍後，發行的第一章專輯是《惜別港岸》，是海山唱片公司所發行，整張專輯的歌曲都是以日本歌曲直接套上華語歌詞，就這樣發行所謂的混血歌曲唱片，他說當時這張唱片賣新台幣二十五元，當時的海山唱片公司的電話只有三碼 502〔註13〕。

第二節　從傳統出發到創作

　　台語流行歌壇賦予劉福助「民謠歌王」、「勸世歌王」之稱號，劉福助數十年來維持其一貫濃郁的鄉土情感、鄉土性格在創作，其中不乏膾炙人口的歌曲深受喜愛。其創作歌曲洋溢著台灣的生活、生計與生命，從其創作中有意無意的善用著祖先的俗諺語。筆者慶幸著有劉福助的鄉土使命的創作，而總能留下日漸失傳的文化、語言、文學作品保存，正如阮剛猛在〈親切而質樸的聲音〉一文中所言的擔心：

> 為了尋找民間親切而質樸的聲音。使面臨失傳危機的鄉野文學得以
> 保存，……奉獻了無數知識、精神與時間。因著時空的差異、語言
> 變異、傳述歧別、使我們對於祖先的文化，故鄉的風土民情，主客
> 觀的認知所致有所模糊、混淆。藉著這項民間文學的普查工作，豐
> 富而寶貴的紀錄，科學而真切的影響，總算在歷史的長流裡，深思、
> 反省〔註14〕。

1968 年（民國五十七年）代起，劉福助創造了在台語流行歌壇的輝煌時

許石與許丙丁合作邊唱民謠歌曲，舉辦「台灣鄉土民謠演唱會」發表〈思相
枝〉、〈丟丟銅〉、〈卜卦調〉、〈鬧五更〉、〈六月茉莉〉、〈水犁歌〉、〈潮州調〉
等歌曲，並於大王唱片發行。資料來源：《三重唱片業、戲院、影歌星史》，
〔民 96〕，台北縣三重市公所編印，P.69。
〔註13〕劉福助口述資料。見附錄二訪談紀錄 1000422-1。
〔註14〕阮剛猛著，1995 年，〈親切而質樸的聲音〉，《謎語‧諺語篇〔一〕》，頁 1，
胡萬川編，彰化縣立文化中心編印出版。

代，創作詞曲膾炙人口，演唱歌曲海內外馳名，受歡迎的程度有目共睹，創下一年發行十張唱片（見附錄三專輯總表）。為了宣揚台語歌謠之美，無論都市還是鄉村，海內或海外，即便是廟口、夜市，也都是他演唱的場所，更是贏得了「民謠歌王」的稱號。也因為創作了〈祖母的話〉、〈尪親某親老婆爬車轔〉、〈愛某不驚艱苦〉等而備受女性的喜愛，在當時的年代娛樂界又賦予「祖母的情人」封號，正如現今的「師奶殺手」一般，不同的封號相同的受長輩級女性的喜愛。而其所創作的台灣民謠歌曲，除了維持其一貫濃郁的鄉土風格外，更有感於世風日下，著作勸世歌曲，期能移風易俗，於是娛樂界又多添封了「勸世歌王」的稱號。多產多元的劉福助，在歌唱的表現並不侷限於台語歌曲，從他的專輯中也看到華語專輯，及客家的歌曲傳唱，也見他對語言上的天份及興趣。

長青的民謠歌王劉福助，在歌壇上數十年，也創作不少經典作品，筆者在選擇劉福助的代表作，乃以其個人專輯或台語歌曲專輯為抉擇，主要代表有：《黑面祖師公六月田水》、《安童哥》、《安童哥辦酒菜〔註 15〕》《思双枝》、《三線路》、《※白色的太陽〔註 16〕》、《※等不到的愛》、《※西門町之夜》、《※淚洒愛河橋》、《祖母的話》、《家慶君遊台灣》、《尪親某親老婆爬車轔》、《侜不通博》、《劉福助落下頦》、《1 年換 24 個頭家、傻女婿》、《一樣米飼百樣人》、《七揀八揀揀一個賣龍眼》、《四季計程車》、《埔里小姐》、《宜蘭人》、《十八拐　牽仙調》、《落下頦、十一哥仔》、《樂樂樂大家樂》、《中國酒拳、驚驚》、《十惑》、《雞、機、契／懶系查某》《台灣歌謠 1》、《台灣歌謠 2》、《台灣歌謠 3》、《台灣歌謠 4》、《台灣歌謠 5》、《二十四節氣上》、《二十四節氣下》、《心事千萬條》、《燒酒愈喝負債愈深》、《呦呦台灣　臺語歌謠》……等〔註 17〕。

劉福助的創作，有多數是源自土地民俗的素材，自從他放棄了用美聲的唱歌方式，拋棄了斯文、彬彬有禮的包裝形象，改以在地的、民謠的、鄉土的、似說似唱般的風格，脫胎換骨似的，得到大眾的共鳴與接受讚賞；從此一貫的演唱風格與創作路線皆依此為出發點。被娛樂界封為「民謠歌王」的

〔註15〕《安童哥辦酒菜》：與《黑面祖師公／六月田水》僅專輯名稱不一樣，且編號也相同。
〔註16〕專輯名稱前有※符號為國語專輯，無者為台語專輯。
〔註17〕代表作品專輯曲目明細見附錄四。

劉福助,其創作風格在大眾的眼中視之,自然無法與民謠有區隔而獨立在外。首先來看「民謠」是什麼?依簡上仁在《臺灣民謠》中定義:

> 「臺灣民謠」基本上應具備下列三個要素:
>
> 　一、臺灣風:必須富有臺灣的本土氣質和傳統精神。
>
> 　二、民俗性:必須是民眾的集體創作,且具有在民間流傳久遠,沿襲成性的事實。
>
> 　三、歌謠:必須是可詠唱的歌或唸誦的謠,不包括僅用於演奏的樂曲。……
>
> 民謠是作者無從考,出生年代和產生緣由亦甚難考究,經由代代口授相傳下來,具有民族或鄉土性的歌謠。而創作民謠,另稱鄉土歌謠是作曲家擷取傳統自然民謠的風格和精神,所譜創之富有鄉土風味的歌謠。又一般所謂之「臺灣民俗歌謠」基本上應可包涵古老自然民謠及富有濃郁臺灣鄉土氣息的創作歌謠。〔註18〕

另外,依吳瀛濤在《臺灣諺語》中釋義:

> 民謠:民謠除了唱唸最簡單的上記,「歌仔」(山歌之類),上有一些其曲調各不同的鄉土民謠。其歌曲即如:條花過渡、草螟弄雞公、丟丟咚、思想起、挽茶歌、牛犁歌、六月茉莉、卜卦調、鬧五更、挽茶相褒、十二月花胎、病仔歌、潮州調、客人調、車鼓調、乞食調、都馬調、歌仔戲調等。這些曲調有的是國內傳來,有的是純然的台灣調,不過唱詞因用臺語,就不分其為內地調或臺灣調,概可包括於臺灣民謠。〔註19〕

而莊永明在《台灣歌謠追想曲》也對傳統民謠有所釋義:

> 傳統民謠(或稱自然民謠),口口相唱、代代相傳,作者已不可考,而且其原始的創意,也因被重新詮釋,重新修釋,使得一首作品往往不是一人之作、或是一時、一地之作。〔註20〕

　　三人對民謠的釋義用字遣詞各有所差異,而吳瀛濤是以語言的角度,認為唱詞用台語,不分其調,即可屬於臺灣民謠。而吳瀛濤所提到的眾多台灣

〔註18〕簡上仁,《臺灣民謠》,眾文圖書公司印行,〔民〕八十九年六月,二版五刷,P.2。

〔註19〕吳瀛濤,《台灣諺語》,台灣英文出版社印行,〔民〕五十六年五月十三版,p.444。

〔註20〕莊永明,《台灣歌謠追想曲》,台北,前衛,1995年一月,P.58。

民謠，在劉福助歷來的唱片的專輯中，或多或少常會出現一兩首曲目，甚至完全以台灣民謠發行的專輯，例如：1968 年（民國五十七年）發行的《黑面祖師公》，1978 年（民國六十七年）發行的《十八拐、牽仙調》，以及 1986 年（民國七十五年）發行的《台灣歌謠 5》〔註21〕。

　　雖然在《十八拐、牽仙調》和《台灣歌謠 5》，兩張專輯發行，相差了八年之久，但是從曲目數量的編排來看，《台灣歌謠 5》多了二首，即〈三桃調〉、〈恆春調〉；另從產品呈現看，《台灣歌謠 5》為一片播放十四首曲目，《十八拐、牽仙調》分為 A 面有六首曲目、B 面有六首曲目，中間的差異乃是需動手換面，才能一次聽完全部曲目。這樣的些微差異見證了時代的科技進步，從唱片的製作到 CD 的呈現，攜帶方便，曲目的容量也更多，點選曲目更加容易方便。在曲目幾乎相同的專輯，能相隔八年後再發行一次，足見民謠的魅力及其市場性。

　　民謠之所以烙印大眾心中，筆者以為，除了生活印記，還有台語這個美麗語言的豐富聲調，這種語言形式本身的調值就很吸引人，聲調的豐富精采足以讓人說起話來就像在唱一首歌，你怎麼說就怎麼唱。在此筆者拿傳統民謠〈白鷺鷥〉來驗證，當用說的說一次「白鷺鷥，車糞箕（Pėh-lîng-si，tshia pùn-ki）」，和用唱的唱一次「白鷺鷥（‖ 1 3 5 ‖），車糞箕（‖ 3 42 5 ‖）」，你會訝異的發現原來說的和唱的是一樣，這樣的情形，在傳統民謠中，多可驗證到。再如「點仔膠（‖ 5 5 5 ‖），黏著跤（‖ 3 1 5 ‖）仍一樣情形，在較富臺灣鄉土色彩的臺語民謠，語言與音樂自然相合的例子，更是常見。

　　筆者用五度標音法〔註22〕再來說明，〈天黑黑（thinn-oo-oo）〉也就是 55 55 55，這三個字以台語發音都是第一聲，也就是陰平聲，用近似簡譜記下為（‖ 5 5 5 ‖），但是台語的一大特色就是說話要變調，第一聲要變到第七聲，有就是從陰平聲變成陽去聲。於是〈天黑黑（thinn oo-oo）〉因變調唸為〈天黑黑（thinn ōo-oo）〉也就是 55 33 55，用近似簡譜記下為（‖ 5 3 5 ‖），換個方式發音為（‖ so mi so ‖），也將訝異的發現原來說的和唱的是一樣。所以將台語聲調運用到爐火純青時，很自然的發現到台語語言接近音樂的

〔註21〕《黑面祖師公》、《十八拐、牽仙調》、《台灣歌謠 5》：詳細曲目見附錄四。
〔註22〕趙元任先生創製了五度標調法，畫一條豎線，平分為四格有五度，把人們說話的音高分成五個層度，分別為高 5，半高 4，中 3，半低 2，低 1。5 最高，聲帶最緊；1 最低，聲帶最鬆。五度標調法就是記錄發音的起點和終點的音高。

特性，也就說明了民謠似說似唱的特色。

依簡上仁的民謠定義，提到：「而創作民謠，另稱鄉土歌謠，是作曲家擷取傳統自然民謠的風格和精神，所譜創之富有鄉土風味的歌謠〔註23〕。」劉福助在這方面也有此創作民謠，例如〈天黑黑〉、〈西北雨〉、〈點仔膠〉、〈黑面祖師公〉、〈尪親某親老婆拋車輪〉、〈祖母的話〉、〈安童哥買菜〉……等。劉福助給予這些傳統歌謠新的詮釋與表現，或在歌詞的詞句增加、重複，或添上當時的流行情境用語，或譜上如上述台語自然的語調、平易近人的曲調，而產生時近的效果，更加貼近現代人的口吻，有就難怪受到廣大的歡迎。

吳瀛濤在《臺灣諺語》記載歌謠總計有 591 首，並將歌謠分類為：教化歌〔註24〕計 24 首，民俗歌〔註25〕計 16 首，民謠〔註26〕計 40 首，情歌〔註27〕計 99 首，相褒歌〔註28〕七言一句，共 246 句計一首，民歌〔註29〕計 44 首，童謠〔註30〕計 30 首，順溜〔註31〕計 41 首，兒戲歌〔註32〕計 13 首，急口令〔註33〕計 1 首，流行歌〔註34〕計 15 首，民俗歌〔註35〕計 3 首，

〔註23〕簡上仁，《臺灣民謠》，眾文圖書公司印行，〔民〕八十九年六月，二版五刷，P.2。

〔註24〕吳瀛濤，《台灣諺語》，台灣英文出版社印行，〔民〕五十六年五月十三版，p.356～p.390 及 p.642～p.646。

〔註25〕吳瀛濤，《台灣諺語》，台灣英文出版社印行，〔民〕五十六年五月十三版，p.391～p.433。

〔註26〕吳瀛濤，《台灣諺語》，台灣英文出版社印行，〔民〕五十六年五月十三版，p.444～p.488。

〔註27〕吳瀛濤，《台灣諺語》，台灣英文出版社印行，〔民〕五十六年五月十三版，p.490～p.510。

〔註28〕吳瀛濤，《台灣諺語》，台灣英文出版社印行，〔民〕五十六年五月十三版，p.510～p.526。

〔註29〕吳瀛濤，《台灣諺語》，台灣英文出版社印行，〔民〕五十六年五月十三版，p.526～p.561。

〔註30〕吳瀛濤，《台灣諺語》，台灣英文出版社印行，〔民〕五十六年五月十三版，p.562～p.607。

〔註31〕吳瀛濤，《台灣諺語》，台灣英文出版社印行，〔民〕五十六年五月十三版，p.609～p.624。

〔註32〕吳瀛濤，《台灣諺語》，台灣英文出版社印行，〔民〕五十六年五月十三版，p.624～p.628。

〔註33〕吳瀛濤，《台灣諺語》，台灣英文出版社印行，〔民〕五十六年五月十三版，p.630～p.631。

〔註34〕吳瀛濤，《台灣諺語》，台灣英文出版社印行，〔民〕五十六年五月十三版，p.631～p.640。

〔註35〕吳瀛濤，《台灣諺語》，台灣英文出版社印行，〔民〕五十六年五月十三版，p.647。

歷史故事歌〔註36〕計1首，情歌〔註37〕計18首。在這591首歌謠中，劉福助所發表的創作中，皆可見到選自於內。例如：〈安童哥買菜〉、〈行行出狀元〉、〈趙草歌〉、〈黑面祖師公〉、〈勸世歌〉、〈天黑黑〉、〈端陽節歌〉、〈做人的媳婦〉……等。

筆者以〈安童哥買菜〉為例，比較二者的差異：

表二 〈安童哥買菜〉比較

順序	吳瀛濤版本前十句	劉福助版本前十句
1	安童哥仔囉（An-tông ko á lô~）	安童哥仔囉（An-tông ko á lô~）
2	一時有主意（tsit sî ū tsú ì）	我一時有仔主意（guá tsit sî á tsú ì）
3	匆匆行你著匆匆去（Tshiáng tshiáng kiânn lí-tóh tshiáng tshiáng khì）	蹌蹌行你著蹌蹌去（Tshiáng tshiáng kiânn lih-tóh tshiáng tshiáng khì）
4	上街到菜市（Tsiūnn ke kàu tshài tshī）	上街到菜市（Tsiūnn ke kàu tshài tshī）
5	菜籃珍噹耳（tshài nâ tin tong hìnn）	彼囉菜籃叮仔噹拌〔註38〕噢～（Hit-lô tshài nâ tin á tong hìnn oo~）
6	安童哥仔囉（An-tông ko á lô~）	安童哥仔囉（An-tông ko á lô~）
7	雙腳行入到菜市（siang kha kiânn jit kàu tshài tshī）	我雙腳行入到菜市（guá siang kha kiânn jit kàu tshài tshī）
8	頭家目睭叶叶耳（thâu-ke Bak tsiu tsháp tsháp nih）	閣開喙叫一聲「頭家仔」（Koh khui tshuì kiò tsit siann「thâu-ke-ah」）
9	東邊看過來（Tang pîng khuànn kuè lâi）	目睭閣眨眨睨〔註39〕（Bak tsiu koh tsháp tsháp nih）
10	西邊看過去（sai pîng khuànn kuè khì）	東爿〔註40〕看過來（Tang pîng khuànn kuè lâi）

製表人：賴明澄

〔註36〕吳瀛濤，《台灣諺語》，台灣英文出版社印行，〔民〕五十六年五月十三版，p.649。

〔註37〕吳瀛濤，《台灣諺語》，台灣英文出版社印行，〔民〕五十六年五月十三版，p.654～p.666。

〔註38〕拌：讀音「hìnn」。根據台日大辭典解釋為「(1)搖動。(2)投。」在此為(1)搖動。P.614。

〔註39〕睨：讀音「nih」。根據台日大辭典解釋為「目睭phah開ê真短時間內。」P.498。

〔註40〕爿：讀音「pîng」。根據教育部閩南語常用詞辭典解釋為「1.邊。表示所在位置。例：這爿tsit pîng（這邊）、東爿tang-pîng。2.片。整體中的一部分，被切開後呈片狀的部分。例：王梨爿ông-lâi pîng（鳳梨片）。3.計算片狀的東西。例：一爿西瓜tsit pîng si-kue（一片西瓜）。4.漢字的部首偏旁。例：木字爿bok jī-pîng（木字旁）。」

　　以吳瀛濤的版本看，此首歌謠內容並非以第一人稱為敘述，而是以第三人稱來述說安童哥上市場的過程，手上的菜籃隨著腳步而晃動，當走入市場的肉攤時，看到老闆的眼睛，不時的掃過來來往往的客人……。而劉福助版本的內容則是以第一人稱來述說安童哥上市場的過程，安童哥自己說著如何上市場，輕快的腳步牽動著手上菜籃的晃動，一進入市場見到了肉攤的老闆，便主動開口叫了聲老闆，同時自己的雙眼也順勢的掃過肉攤上的豬肉，就想挑到物美價廉的肉品……。足見以上些微的更改卻引起不同的凡響，內容情境顯得更加逗趣、可愛、平易近人。而劉福助明顯的善用在這方面的歌謠創作，從源自民間的傳統到成為自己歌謠風格的創作。

　　第 2 句，劉福助版多了兩個語綴詞。第 3 句只是彼此用字的不同，語意是一樣的。第 5 句，劉福助版仍用了較多的語綴詞。第 7 句，劉福助多了第一人稱詞。第 8 句，吳瀛濤版描述老闆的眼神，劉福助版則是安童哥與版打招呼。第 9 句，劉福助版描述老闆的眼神，吳瀛濤版則描寫老闆眼神的移動。第 10 句，吳瀛濤版續描寫老闆眼神的移動，劉福助版描述老闆眼神的移動。

　　自從發表了〈安童哥買菜〉（見附件五，引用歌詞索引），成就了不一樣的劉福助，可說是劉福助邁入流行歌壇高峰期的碁石。1968 年（民國五十七年），當時為五龍唱片公司所發行，劉福助譜曲創作第一首台語歌謠〈安童哥買菜〉，台語流行歌壇驚為奇作，評價甚高，更在台灣街頭巷尾流行傳唱。輕鬆快樂的曲風以及依適口語聲調的曲調，任憑幼稚孩童都能朗朗上口哼上數句。樸實的角色安童哥，讓人更是有鄰家的親近及平易近人的熟悉，一個淳風樸樸的大男孩，提著菜籃去買菜，與肉販老板間一答一和之間的互動、以及去市場買菜的樂趣逗喜全都寫在歌詞上。

　　此首創作，筆者以為最大的驚奇，乃在兩性刻版印象的替換，傳統上都以為上市場買菜、準備三餐料理的都是女性的工作，而創作歌曲中的主角安童哥，硬是異動了根深柢固女性的思考模式，而改以男性為主角呈現，一個不顯笨拙，手腳俐落的男性上市場去買菜，原來情緒可以是喜悅飛揚且樂在其中，這種樂趣逗喜，不時用著擬聲狀詞來襯托，例如：「嘿（heh）」「囉（lōo）」、「叮噹幌噢（tin-tong-hinnh-ōo）」、「噯唷（ai-ioh）」，實收畫龍點睛之絕妙。這樣的表現手法，在當時的歌壇的確是一種全然的新樣呈現，清新又純樸，自然也就倍受歡迎。

　　一首創世紀大作〈安童哥買菜〉，在作詞與作曲實各有千秋各領風騷，

又並駕齊驅的前進，如此的水乳交融境界，煞是完美到極點，詞境的精采言簡意賅、靈活神現，曲調的順口、懸河瀉水毫不結舌。沒有花唇巧語高談闊論，歌詞盡是簡單到平凡不已，然而卻在簡單平凡中真情流露，生活化的內容再清楚不過，驚訝的是，原來不重要的生活小事件可以把它唱出來，將生活的點滴唱出來真的比說的好聽，這樣簡單平凡中見偉大，簡單的生活平凡的事件，倚藉著口語化的聲調音符，唱出生活中的小故事，曲曲引起美妙的共鳴。

〈安童哥買菜〉確實趣味十足，歌詞的功力顯現出創作者對台語的深度理解與運用爐火純青，坊間所見的歌詞創作都記載著葉俊麟，作曲寫著劉福助。筆者針對此點與劉福助訪談過，心中抱著懷疑是因為少見台灣歌謠另一大創作家葉俊麟的創作風格有此種面相呈現，這種在歌詞呈現生活面不打緊、底層層面的逗趣，似乎就是劉福助的創作註冊商標。劉福助回憶起說：

> 當年在創作此首〈安童哥買菜〉時，在歌壇上因為是屬晚輩分，加上年紀較輕，第一次的創作發表能與葉俊霖合作，實屬光彩殊榮，加上葉俊霖提供不少的提議思考與指導，歌詞上是由二人共同完成定稿，在發表，因為作曲已標寫自己，心中感念與尊重前輩的厚愛，在作詞上就只列出葉俊麟。〔註41〕

如此喜樂逗趣的一首歌，難怪一推出即造成轟動，廣受歡迎，男女老少人人能朗朗入口哼唱三五句，哼唱著歌曲，頓時讓人感覺上菜市場買菜，是件極開心快樂的事情，不再感覺厭煩或例行無趣的行為。翁嘉銘對〈安童哥買菜〉這首歌也指出了：

> 傳統菜場的人味、情趣，是超級市場永遠買不到的；冷凍食品讓人感受不到食物的鮮美；收銀機認數字不認人，從沒有討價還價的餘地，同時也失去了人際交流的可能；更不用說有個「頭家」和你談天說地，也沒有人會送一根蔥、一塊薑，當然更不會有口傳新聞的流通。「安童哥」已經消失了，唱〈安童哥買菜〉只能是「生活歷史」的回味〔註42〕。

〔註41〕見附錄五訪談記錄。訪談時間 990916。
〔註42〕翁嘉銘，《迷迷之音：蛻變中的台灣流行歌曲》，台北市，萬象出版，1996，P.201。

　　一首老少咸宜，男女皆歡喜、精彩逗趣的〈安童哥買菜〉，說出了傳統市場的人味，這也說明了為何被人嫌棄老舊髒亂的傳統市場，仍然有著無數死忠的意願者前往買菜，圖的並非全然的價位便宜，內心或許就貪些人味，以及與老板一問一答間的樂趣。〈安童哥買菜〉這首歌想必可以成為傳統市場的最佳代言才是，可惜的是台灣各地的傳統市場管理者，似乎都未曾想要在市場營業時間播放此首歌曲，大家在逗趣的〈安童哥買菜〉歌聲中進行交易，買菜的過程中，心情應是更加輕鬆才是。〈安童哥買菜〉有著老酒裝新瓶的創意，在「梁山伯與祝英台」的戲碼中，也有著安童上街買菜的橋段，而經劉福助再次的改編作曲，更是朗朗上口，俏皮逗趣。

第三節　重要的音樂創作夥伴

　　劉福助自 1968 年（民國五十七年），譜曲創作第一首台語歌謠〈安童哥買菜〉，當時為五龍唱片公司所發行，爾後不斷在歌謠的創作與發表。而在這眾多的創作中，我們可以看到劉福助的創作路上有著重要的夥伴們，共同成就著歌謠的發表。筆者依附錄四、專輯唱片明細表中統計出，劉福助的專輯發行計 46 張，共 579 首歌曲，在發行的 46 張專輯中有 14 張專輯，是完全沒有劉福助的作詞及作曲創作，僅以劉福助的歌聲唱出，故在其發行的專輯中有著自己的創作計有 30 張專輯。

　　以下表列不將完全沒有劉福助的作詞及作曲創作的專輯列入，這些專輯僅以劉福助的歌聲唱出之口水歌曲專輯，計有 14 張專輯，分別為：《劉福助台灣歌謠專輯第三集　歹命子》、《劉福助台灣歌謠專輯第四集　三線路》、《白色的太陽》、《劉福助台灣歌謠專輯第二集》再版、《西門町之夜》、《四季計程車》、《等不到的愛》第三集、《尪親某親老婆仔拋車轔／趙草歌》唱片版、《嘉慶君遊台灣／大人啊！後擺我不敢》、《我不再嘆息》、《千金小姐萬金和尚》、《埔里小姐》、《宜蘭人／出外人》、《台灣歌謠 2》。

　　以上之專輯的合作夥伴又因無實際作詞、作曲的創作合作，僅以劉福助的歌聲，唱出的口水歌曲專輯，包括莊奴、楊三郎、李臨秋、周添旺、許丙丁、陳達儒、莊奴、鄧雨賢，並不列入重要音樂夥伴（表三）。

表三　劉福助重要音樂創作夥伴一覽表

創作夥伴	作詞次	曲　目	項次	作曲次	曲　目	項次
上工	5	水車歌	225	5	水車歌	225
		阿彌陀佛	246		阿彌陀佛	246
		相欠情	227		相欠情	227
		飼老鼠咬布袋	221		飼老鼠咬布袋	221
		勸人生	229		勸人生	229
呂金守 （敏郎）	24	大醋桶	333	13	大醋桶	333
		台東人	262		台東人	262
		台東人	345		台東人	345
		何時再相會	192		何時再相會	192
		宜蘭人	279		宜蘭人	279
		宜蘭人	290		宜蘭人	290
		阿娘仔十八歲	121		阿娘仔十八歲	121
		阿清伯	325		阿清伯	325
		相欠債	328		相欠債	328
		相欠債	398		相欠債	398
		愛情可比紙烟煙	231		愛情可比紙烟煙	231
		種蒲仔生菜瓜	326		種蒲仔生菜瓜	326
		醜醜仔思雙枝	332		醜醜仔思雙枝	332
		十八拐	303			
		三交待	118			
		南管調	310			
		南管調	409			
		度小月	445			
		後街人生	145			
		後街人生	166			
		後街人生	399			
		噯唷小妹喂	50			
		舊皮箱的流浪兒	198			
		舊皮箱的流浪兒	352			

林文隆	8	叫一聲鄉親	436	10	叫一聲鄉親	436
		來去鄉下吸空氣	433		來去鄉下吸空氣	433
		門扇若不對頭	191		門扇若不對頭	191
		想著洗衫面著黑	190		想著洗衫面著黑	190
		腳步踏差上可憐	151		腳步踏差上可憐	151
		腳步踏差上可憐	186		腳步踏差上可憐	186
		勸少年	152		勸少年	152
		勸少年	187		勸少年	187
					十憨	427
					不可格炮炮	430
游國謙	24	十一哥仔	320			
		三伯騎牛	318			
		小姑娘	176			
		西門町之夜※	93			
		尪親某親老婆仔拋車轔	143			
		尪親某親老婆仔拋車轔	164			
		夜夜相思（潮州調）	131			
		波拉瑞※	140			
		俏姑娘	92			
		南風謠	183			
		南風謠	316			
		思念初戀的人	168			
		哭調仔	130			
		馬路情歌※	139			
		偷來的吻最甜蜜※	102			
		等不到的愛※	138			
		絕望的愛※	133			
		敬大家一杯酒※	134			
		遊山玩水	181			

		夢想的愛※	98			
		蓬萊仙島	321			
		請你默默聽	115			
		鯽仔魚娶某	119			
		讓我哭吧愛人※	141			
黃敏	13	茶山情歌	194	7	茶山情歌	194
		茶山望春風	195		茶山望春風	195
		愛著愛到死	159		愛著愛到死	159
		西北雨直直落	170		西北雨直直落	163
		甘蔗好吃雙頭甜	146		西北雨直直落	169
		甘蔗好吃雙頭甜	167		西北雨陣陣落	170
		甘蔗好吃雙頭甜	354		西北雨陣陣落	400
		恆春姑娘	149			
		恆春姑娘	172			
		恆春姑娘	371			
		愛情外好你敢知	148			
		愛情外好你敢知	171			
		大人啊！後擺我不敢	184			
葉俊麟	92	日月潭風光	273	13	日月潭風光	273
		田庄調	271		田庄調	271
		出外人	282		出外人	282
		出外人	291		出外人	291
		夜霧的燈塔	431		夜霧的燈塔	431
		花宮嘆	116		花宮嘆	116
		阿娘到北港	417		阿娘到北港	417
		純情的花蕊	275		純情的花蕊	275
		茶山風情畫	263		茶山風情畫	263
		茶山風情畫	358		茶山風情畫	358
		暫時的台北人	269		暫時的台北人	269
		黃昏思情	259		黃昏思情	259
		難忘的鳳凰橋	274		難忘的鳳凰橋	274
		六月田水	16			

	六月田水	28		
	六月田水	385		
	六月田水	441		
	六月田水	499		
	一年換 24 個頭家	242		
	一年換 24 個頭家	349		
	一年換 24 個頭家	484		
	一年換 24 個頭家	515		
	一張遺像	257		
	十二月命譜	249		
	十二月命譜	392		
	失落的戀夢	421		
	吃頭路人	389		
	多歲人（老哥兒）	336		
	好好想看覓	342		
	安童哥買菜	6		
	安童哥買菜	24		
	安童哥買菜	153		
	安童哥買菜	509		
	安童哥買菜	513		
	安童哥辦酒菜	12		
	老公仔茶	343		
	老公仔茶	425		
	你想什款	272		
	吟詩	8		
	求愛的絕招	251		
	求愛的絕招	390		
	夜半吉他聲	344		
	什錦歌	179		
	放浪人生	289		
	乞食阿哥哥	22		
	乞食阿哥哥	34		

乞食調	9	
乞食調	69	
父母不肯	3	
牛郎織女	11	
牛郎織女	226	
台灣小吃	267	
阿里山之戀	21	
阿里山之戀	33	
故鄉歡迎我	286	
故鄉歡迎我	300	
風流做田人	228	
風流做田人	356	
茫茫吓	17	
茶山相褒	250	
茶山相褒	393	
笑調	15	
笑調	27	
酒一杯	7	
馬馬虎虎	245	
馬馬虎虎	341	
捧茶盤	10	
細漢彼時（小時候）	339	
茫茫吓	29	
款款做一款	420	
絕命詞	4	
放浪人生	301	
黑面祖師公	18	
黑面祖師公	30	
黑面祖師公	64	
搭車調	312	
搭車調	414	

		暗淡的月※	101			
		網路片頭歌	501			
		爬山	182			
		金言玉語	23			
		熱心腸	337			
		請你免生氣	260			
		賣茶走街路	5			
		聲	340			
		勸世歌	387			
		勸世歌	2			
		勸世歌	126			
		勸世歌	154			
		驚驚	123			
		驚驚	335			
藍虹	23	一年又一年	285	23	一年又一年	285
		一年又一年	302		一年又一年	302
		九江調	308		九江調	308
		九江調	407		九江調	407
		八珍調	307		八珍調	307
		八珍調	412		八珍調	412
		十二月相褒	284		十二月相褒	284
		十二月相褒	296		十二月相褒	296
		三桃調	411		三桃調	411
		月光光	288		月光光	288
		月光光	293		月光光	293
		西螺調	313		西螺調	313
		西螺調	406		西螺調	406
		法鼓調	306		法鼓調	306
		法鼓調	413		法鼓調	413
		阿九嫂	280		阿九嫂	280
		阿九嫂	294		阿九嫂	294
		流傘調	305		流傘調	305

		流傘調	405		流傘調	405
		埔里小姐	278		埔里小姐	278
		埔里小姐	292		埔里小姐	292
		牽仙調	309		牽仙調	309
		牽仙調	408		牽仙調	408
藝昇（張藝昇）	9	太太講的話	265	8	太太講的話	265
		阿娘仔摸田螺	219		阿娘仔摸田螺	219
		阿娘仔摸田螺	353		阿娘仔摸田螺	353
		粘蜻蠳	222		粘蜻蠳	222
		粘蜻蠳	380		粘蜻蠳	380
		趒草歌	144		趒草歌	144
		趒草歌	165		趒草歌	165
		趒草歌	383		趒草歌	383
		隔壁姑娘真趣味	261			
湯尼（翁清溪）（翁清溪）				11	大人啊！後擺我不敢	184
					世間嘛是好迫迌	236
					世間嘛是好迫迌	248
					有銷有銷無外多	193
					色即是空	237
					色即是空	252
					我感謝你※	212
					恨你無了時	230
					堂堂二等兵——主題曲	224
					賀新年	185
					錢多煩惱多	238
曾仲影				47	一張遺像	257
					一樣米飼百樣人	254
					九月的晚風※	85
					八仙	488
					十二月命譜	249
					十二月命譜	392

				十月冬	474
				夕陽西沉※	77
				大地※	81
				小飛機※	73
				天上聖母	482
				台灣小吃	267
				永遠愛著你※	71
				白色的太陽※	79
				立春過年	456
				再會吧叮噹※	75
				西門町之夜※	93
				你真美	90
				找也找不到※	72
				求愛的絕招	251
				求愛的絕招	390
				長藤掛銅鈴※	86
				阿三哥出馬	297
				俏姑娘	92
				春風野草※	80
				相思年年※	74
				秋農諺	465
				海上的風泳	443
				海上的風泳	494
				海戀※	87
				茶山相褒	250
				茶山相褒	393
				迷中迷※	136
				馬馬虎虎	245
				偷來的吻最甜蜜※	102
				惜別港岸	89
				梧桐雨	447
				釣魚樂	448

				給父親的一封信	276
				雲開月出來	270
				溪水旁※	76
				農諺	449
				農諺	463
				隔壁姑娘真趣味	261
				嘉慶君遊台灣	189
				夢想的愛※	98
				誰要你理睬※	88

說明：1. 作詞次與作曲次代表創作者不同發行的總次數，包括一首曲子在其他專輯
　　　　發行都計入。
　　　2. 項次參見本論文附錄四。
　　　3. 製表人：賴明澄。

在劉福助的發行出版的 46 張專輯曲目中，可以看到在作詞方面曾經與其合作次數出現超過 5 曲目的夥伴有：葉俊麟、游國謙、藍虹、呂金守、黃敏、藝昇、林文隆、莊奴。

作曲方面曾經與其合作次數出現超過 5 曲目的夥伴有：曾仲影、藍虹、呂金守、葉俊麟、湯尼、林文隆、藝昇、黃敏、上工。

從表三中顯示出，重要的創作夥伴有（依姓氏筆劃順序）：

呂金守（Lú Kim-Siú）〔註43〕：與劉福助合作的發行專輯作詞創作歌曲有〈十八拐〉、〈三交待〉、〈大醋桶〉、〈台東人〉、〈宜蘭人〉、〈何時再相會〉、〈阿清伯〉、〈阿娘仔十八歲〉、〈南管調〉、〈相欠債〉、〈度小月〉〈種蒲仔生菜瓜〉、〈舊皮箱的流浪兒〉、〈愛情可比紙烟煙〉、〈噯唷小妹喂〉、〈醜醜仔思雙枝〉、。與劉福助合作的發行專輯作曲創作歌曲有、〈大醋桶〉、〈台東人〉、〈宜蘭人〉、〈何時再相會〉、〈阿清伯〉、〈阿娘仔十八歲〉、〈相欠債〉、〈種蒲仔生菜瓜〉、〈愛情可比紙烟煙〉、〈醜醜仔思雙枝〉。

1935 年（民國二十四年）出生於高雄鹽埕區，是為客家子弟。在未踏入歌壇前，呂金守原本是腳踏車修車行的技師，歷經自行開業、結婚、再服兵役。退伍後結束腳踏車行業，隻身到台北發展。曾參加不少歌唱比賽，漸漸

────────────────

〔註43〕資料來源：行政院客家委員會，台灣客籍作曲家。http://www.hakka.gov.tw/
　　　　ct.asp?xItem=26329&ctNode=1561&mp=314。

的與唱片業者、歌手熟識。後進入玲玲唱片公司擔任壓片工作。呂金守憑著對音樂的天賦才能，加上努力學習，很快的得到洪傳興老板的賞識，升為錄音師。由於是客家子弟，第一張的專輯作品便是自己填詞日本曲、主唱的客家流行歌曲，並且連續發行了五張客語專輯。

爾後離開玲玲唱片公司轉入南星音樂教室，轉以台語填詞，一首〈舊皮箱的流浪兒〉由林峰演唱，竟以破百萬的銷售量而聲名大噪。在黃俊雄布袋戲風靡全台時期，呂金守也填詞、製作、並主唱了布袋戲歌曲〈醉彌勒〉；以及填詞、製作、葉啟田演唱的〈冷霜子〉，都大受歡迎。並曾經以「敏郎」為藝名，而進行演唱，可惜日後演唱卻少於填詞、作曲創作。

呂金守與劉福助合作的契機，根據劉福助的說法，也就在於同是音樂人，都是同一環境的同行者，相識自是有緣。呂金守的創作以劉福助來演唱，適得其所、如魚得水、相得益彰，在默契十足的相處下，合作自然頻繁。可貴的是，二人因合作而產生的友誼也令人欣喜，日久彌堅的友誼，二人至今仍是時常把酒言歡的相聚〔註44〕。

林文隆（Lîm Bûn-liông）〔註45〕：1970 年（民國五十九年）以自己作詞、作曲、演唱的一首華語歌曲〈友情〉，於中國電視公司的《金曲獎》節目走紅，同時也打開自己的創作園地。近年有多首的台語歌曲創作，於民國八十二年以一首自己作詞、作曲創作台語歌曲〈紅瓦厝〉獲得當年度【唱片金鼎獎】歌詞獎。與劉福助合作的發行專輯作詞創作歌曲有〈腳步踏差上可憐〉、〈勸少年〉、〈想著洗衫面著黑〉、〈門扇若不對頭〉、〈來去鄉下吸空氣〉、〈叫一聲鄉親〉。與劉福助合作的發行專輯作曲創作歌曲有〈腳步踏差上可憐腳步踏差上可憐〉、〈勸少年〉、〈想著洗衫面著黑〉、〈門扇若不對頭〉、〈十憨〉、〈不可格炮炮〉、〈來去鄉下吸空氣〉、〈叫一聲鄉親〉。

林文隆與劉福助合作的契機，根據劉福助的說法，二人在未合作之前，就已經熟識，也是私交極深的好朋友，因是同為音樂人，又是好朋友下，彼此合作是極為順勢，也因為是好朋友，在彼此支持下，〈十憨〉的作曲也是二人合力完成，而劉福助也求完善的未加以具名，也顯現出好友的交情與支持。〔註46〕

〔註44〕見附錄二，訪談紀錄 1001018。

〔註45〕見台灣玉山之友網 http://taiwanyes.ning.com/profile/linwenlong?xg_source=profiles_memberList。

〔註46〕見附錄二，訪談紀錄 1001203。

　　黃敏（N̂g Bín）〔註47〕：1927 年（民國十六年）出生，本名黃東焜，是多元的歌曲創作者，分別在華語、台語、兒歌、流行歌曲皆可見到其作品，同時也是個專業攝影師，亦曾任台灣省攝影學會理事長，也曾經為台電員工，退休後曾於海山唱片公司、美光唱片公司工作，1997 年（民國八十六）獲頒第二十屆中興文藝獎音樂特別貢獻獎。黃敏也曾經跟隨劉福助的歌壇師父許石學習台語歌曲，與劉福助合作的發行專輯作詞創作有〈甘蔗好吃雙頭甜〉、〈愛情外好你敢知〉、〈恆春姑娘〉、〈愛著愛到死〉、〈西北雨直直落〉、〈恆春姑娘〉、〈大人啊！後擺我不敢〉、〈茶山情歌〉、〈茶山望春風〉。與劉福助合作的發行專輯作曲創作歌曲有〈愛著愛到死〉、〈西北雨直直落〉、〈西北雨陣陣落〉、〈茶山情歌〉、〈茶山望春風〉。

　　黃敏與劉福助合作的契機，根據劉福助的說法，黃敏本就是個音樂人，劉福助先與其大女兒文鶯相識，其小女兒同時是知名歌手文夏的夫人，他的兒子也是個音樂人，〈春天哪會這呢寒〉的創作者黃建銘。而黃敏的創作會售予麗歌唱片公司，我是麗歌的歌手，自然就有機會唱到他的作品〔註48〕。

　　葉俊麟（Ia̍p Tsùn-Lîn）〔註49〕（1921 年 9 月 22 日～1998 年 8 月 12 日）：台灣歌謠作家，本名鴻卿，別名應麟。李鴻禧並稱其為台灣歌謠大師〔註50〕。1995 年（民國八十四年）《文訊》舉辦「五十年來流行歌曲票選活動」的前二十名歌曲，葉俊麟以其創作〈舊情綿綿〉、〈思慕的人〉作品入選。與劉福助合作的發行專輯作詞創作有〈暗淡的月〉、〈故鄉歡迎我〉、〈放浪人生〉、〈勸世歌〉、〈安童哥買菜〉、〈笑調〉、〈六月田水〉、〈茫茫吓〉、〈阿里山之戀〉、〈乞食阿哥哥〉、〈父母不肯〉、〈絕命詞〉、〈賣茶走街路〉、〈酒一杯〉、〈吟詩〉、〈乞食調〉、〈捧茶盤〉、〈牛郎織女〉、〈阿里山之戀〉、〈金言玉語〉、〈花宮嘆〉、〈驚驚〉、〈什錦歌〉、〈風流做田人〉、〈一年換 24 個頭家〉、〈馬馬虎虎〉、〈十二月命譜十二月命譜〉、〈茶山相褒〉、〈求愛的絕招〉、〈一張遺像〉、〈黃昏思情〉、〈請你免生氣〉、〈茶山風情畫〉、〈台灣小吃〉、〈暫時的台

〔註47〕資料來源：文建會台灣大百科全書，http://taiwanpedia.culture.tw/web/content?
　　　　ID=10286&Keyword=%E9%BB%83%E6%95%8F。
〔註48〕見附錄二，訪談紀錄 1001217。
〔註49〕資料來源：文建會台灣大百科全書，http://taiwanpedia.culture.tw/web/content?
　　　　ID=10298&Keyword=%E8%91%89%E4%BF%8A%E9%BA%9F。
〔註50〕見《葉俊麟臺灣歌謠經典詞作選集》，台灣歌謠推展基金文化公益信託葉俊麟
　　　　出版，2008 年七月，P.7。

北人〉、〈田庄調〉、〈你想什款〉、〈日月潭風光〉、〈難忘的鳳凰橋〉、〈純情的花蕊〉、〈出外人〉、〈搭車調〉、〈多歲人（老哥兒）〉、〈熱心腸〉、〈細漢彼時（小時候）〉、〈聲〉、〈馬馬虎虎〉、〈好好想看覓〉、〈老公仔茶〉、〈夜半吉他聲〉、〈阿娘到北港〉、〈款款做一款〉、〈失落的戀夢〉、〈夜霧的燈塔〉、〈網路片頭歌〉、〈黑面祖師公〉。

與劉福助合作的發行專輯作曲創作歌曲有〈花宮嘆〉、〈黃昏思情〉、〈茶山風情畫〉、〈暫時的台北人〉、〈田庄調〉、〈日月潭風光〉、〈難忘的鳳凰橋〉、〈純情的花蕊〉、〈出外人〉、〈阿娘到北港〉、〈夜霧的燈塔〉。從葉俊麟與劉福助的創作曲目中，我們看到葉俊麟在歌曲作詞的創作，遠多於歌曲作曲的創作，此情形也與吳國楨所說：「葉俊麟先生所作歌詞，據葉煥琪先生搜羅統計至今，存世者至少已逾千首。〔註51〕」相呼應。

李鴻禧稱葉俊麟為台灣歌謠大師〔註52〕，足見其在歌壇地位的肯定與崇高。也因此歌壇的初世者或新鮮人，莫不以能與其合作，視為莫大光榮。故劉福助仍以此尊敬的心，將自己的創作〈安童哥買菜〉，歌詞上請葉俊麟過目並修正，並以葉俊麟的大名示以作詞者，而自己示以作曲者，發表此創作。

葉俊麟是劉福助的創作重要夥伴之一，也是成就不一樣的劉福助的重要夥伴，一首〈安童哥買菜〉顯出了平凡生活的不平凡，再平凡不過的上市場買菜，在葉俊麟的妙筆下，開出了一朵燦爛的花朵，一首老少咸宜，男女皆歡喜、精彩逗趣的〈安童哥買菜〉，說出了傳統市場的人味，這也說明了為何被人嫌棄老舊髒亂的傳統市場，仍然有著無數死忠的意願者前往買菜，圖的並非全然的價位便宜，內心或許就貪些人味，以及與老板一問一答間的樂趣；〈安童哥買菜〉這首歌想必可以成為傳統市場的最佳代言才是，可惜的是台灣各地的傳統市場管理者，似乎都未曾想要在市場營業時間播放此首歌曲，大家在逗趣的〈安童哥買菜〉歌聲中進行交易，買菜的過程中心情應是更加輕鬆才是。〈安童哥買菜〉有著老酒裝新瓶的創意，在「梁山伯與祝英台」的戲碼中，也有著安童上街買菜的橋段，而經劉福助再次的改編作曲，更是朗朗上口，俏皮逗趣；在作詞上也見到大師的創作功力，不僅精彩也引出了劉

〔註51〕見《葉俊麟臺灣歌謠經典詞作選集》，台灣歌謠推展基金文化公益信託葉俊麟出版，2008年七月，P.15。

〔註52〕見《葉俊麟臺灣歌謠經典詞作選集》，台灣歌謠推展基金文化公益信託葉俊麟出版，2008年七月，P.7。

福助的創作天地，二人並繼續攜手再合作。

受盡歡迎的〈安童哥買菜〉，在王明美的論述：「陳石春的歌仔片可以證明，至晚在 1930 年代〈安童哥買菜〉的歌仔以具備戲曲的形式，或者同時或者更早融入歌仔戲《山伯英台》戲劇中，成為歌仔戲的一環。〔註53〕」足見劉福助的舊酒裝新瓶的創意，更加的近時性、逗趣性。

藍虹（Nâ Hông）：與劉福助合作的發行專輯作詞創作有〈一年又一年〉、〈三桃調〉、〈八珍調〉、〈九江調〉、〈十二月相褒〉、〈西螺調〉、〈流傘調〉、〈法鼓調〉、〈牽仙調〉、〈月光光〉、〈阿九嫂〉、〈埔里小姐〉。與劉福助合作的發行專輯作曲創作歌曲有〈流傘調〉、〈法鼓調〉、〈八珍調〉、〈九江調〉、〈牽仙調〉、〈西螺調〉、〈三桃調〉、〈埔里小姐〉、〈阿九嫂〉、〈十二月相褒〉、〈一年又一年〉、〈月光光〉。

藍虹與劉福助合作的契機，根據劉福助的說法，純粹基於是創作者與唱片公司的交易。劉福助並未與藍虹熟識，至今仍是陌生未曾有私交。藍虹將自己的創作售予當時劉福助所屬的唱片公公司，公司將歌曲拿出與劉福助演唱，發行專輯，因而有了間接性的合作〔註54〕。

藝昇（Gē Sing）：即張藝昇，有時在歌手發行的專輯上，未將姓氏加上。為台語歌曲創作者，在作詞與作曲皆有其創作，今仍續在創作中。與劉福助合作的發行專輯作詞創作有〈阿娘仔摸田螺〉、〈趒草歌〉、〈粘蜻蠳〉、〈隔壁姑娘真趣味〉、〈太太講的話〉。與劉福助合作的發行專輯作曲創作歌曲有〈阿娘仔摸田螺〉、〈趒草歌〉、〈粘蜻蠳〉、〈太太講的話〉。

藝昇與劉福助合作的契機，根據劉福助的說法，純粹基於是創作者與唱片公司的交易。與劉福助為同行，目前住台灣中部，二人雖知道彼此名聲，去無私交。藝昇與藍虹一樣，都是將創作直接售予唱片公司，唱片公司將歌曲拿出與劉福助演唱，發行專輯，因而有了間接性的合作〔註55〕。

重要的創作夥伴，在發行專輯作詞上與劉福助合作者為下（依姓氏筆劃順序）：

游國謙（Iû Kok-Khiam）：在上列 14 張專輯專中，其中的《劉福助台灣

〔註53〕王明美，《歌謠、歌仔冊、歌仔戲：安童哥買菜研究》，台師大臺灣文化及語言文學碩士論文，台北，2010。
〔註54〕見附錄二訪談紀錄 1001028。
〔註55〕見附錄二訪談紀錄 1001028。

歌謠專輯第二集》再版、《西門町之夜》、《等不到的愛》第三集、《尪親某親老婆仔拋車轔／趒草歌》唱片版，計 4 張專輯內的歌曲雖都無劉福助的作詞及作曲，卻有一創作者游國謙，根據訪談的內容紀錄，我們可以清楚名為游國謙作詞，實為劉福助作詞。以名游國謙作詞與劉福助合作的發行專輯作詞創作有〈俏姑娘〉、〈西門町之夜〉、〈夢想的愛〉、〈偷來的吻最甜蜜〉、〈請你默默聽〉、〈鯽仔魚娶某〉、〈哭調仔〉、〈夜夜相思〉、〈絕望的愛〉、〈敬大家一杯酒〉、〈等不到的愛〉、〈馬路情歌〉、〈波拉瑞〉、〈讓我哭吧愛人〉、〈尪親某親老婆仔拋車轔〉、〈思念初戀的人〉、〈小姑娘〉、〈遊山玩水〉、〈南風謠〉、〈三伯騎牛〉、〈十一哥仔〉、〈蓬萊仙島〉。

　　劉國謙與劉福助合作的契機，根據劉福助的說法，純粹是好友深厚的情誼及信任，二人同為現今的新北市中和人，且同唸一個小學，游國謙為劉福助的學長。二人原本不相熟識，但長大後的有一天，二人在外碰到，一聊開話題，卻更加疼惜，有著土親人親的情愫，友誼發展迅速，至今仍有情深厚。所以劉福助不時以自己的創作，用學長好友名字示於專輯上。然而當時的不以為然的行為，卻也極需再修正，以免日後二人因著作權法的關係，而影響深厚友誼的本質〔註56〕。

　　重要的創作夥伴，在發行專輯作曲上與劉福助合作者為下（依姓氏筆劃順序）：

　　上工（Siāng Kong）：與劉福助合作的發行專輯作曲創作歌曲有、〈飼老鼠咬布袋〉、〈水車歌〉、〈相欠情〉、〈勸人生〉、〈阿彌陀佛〉。

　　根據劉福助的說法，上工是為藝名，乃由「上尺工（siāng-tshe-kong）」取其前後字而得，一看即知道有著音樂的性質。與劉福助合作的契機，仍屬間接性的接觸合作的過程與藝昇、藍虹一樣。上工將其創作直接售予唱片公司，唱片公司將歌曲由劉福助演唱，發行專輯〔註57〕。

　　曾仲影（Tsan Tiōng-Íng）〔註58〕：台灣著名電影作曲家，1925 年（民國十四年）出生，擅長西洋樂器。1946 年（民國三十五年）來台發展從事新聞廣播工作，曾因二二八事件入獄，出獄後展開電影音樂創作，因創作歌仔戲

〔註56〕見附錄二訪談紀錄 1000614。
〔註57〕見附錄二訪談紀錄 1001023。
〔註58〕資料來源：文建會台灣大百科全書，http://taiwanpedia.culture.tw/web/content?
　　　　ID=14504&Keywo。

電視新調，被尊稱為「歌仔戲新調宗師」，後至台灣各地採集戲曲素材，加上台灣民謠特色，創造出許多插曲，並就由製作電影、電視歌仔戲而改編民間歌謠，創作出新調，至 1960 年（民國四十九年）末期，創作出兩百多首歌仔戲新調，稱作「變調仔」，成為歌仔戲音樂的改革先鋒，知名曲調有〈西工調〉、〈遊潭〉、〈春遊〉、〈遇佳人〉、〈新求婚〉等。

　　與劉福助合作的發行專輯作曲創作歌曲有〈一張遺像〉、〈一樣米飼百樣人〉、〈八仙〉、〈九月的晚風〉、〈十月冬〉、〈十二月命譜〉、〈小飛機〉、〈大地〉、〈天上聖母〉、〈台灣小吃〉、〈夕陽西沉〉、〈白色的太陽〉、〈求愛的絕招〉、〈你真美〉、〈立春過年〉、〈西門町之夜〉、〈西門町之夜〉、〈秋農諺〉、〈俏姑娘〉、〈永遠愛著你〉、〈找也找不到〉、〈相思年年〉、〈再會吧叮噹〉、〈給父親的一封信〉、〈阿三哥出馬〉、〈溪水旁〉、〈春風野草〉、〈長藤掛銅鈴〉、〈海戀〉、〈誰要你理睬〉、〈惜別港岸〉、〈迷中迷〉、〈馬馬虎虎〉、〈茶山相褒〉、〈雲開月出來〉、〈海上的風泳〉、〈梧桐雨〉、〈釣魚樂〉、〈夢想的愛〉、〈偷來的吻最甜蜜〉、〈隔壁姑娘真趣味〉、〈嘉慶君遊台灣〉、〈農諺〉。

　　根據劉福助的說法，曾仲影為台灣歌壇創作的前輩，與其合作的契機，二人本是同行，身為晚輩的劉福助有著機會與前輩合作自是欣喜不已，藉著彼此的欣賞與契合，自然合作機會越多，友誼也隨之建立深厚。曾仲影在民國百年的生日，曾、劉二人仍相約相聚慶賀，把酒言歡，足見二人的情誼實在珍貴〔註59〕。

　　湯尼〔註60〕：本名翁清溪（Ong Tshing-Khe），為旅日知名歌星翁倩玉之父，1936 年（民國二十五年）出生台北市，曾赴美國攻讀電影音樂，回台組「湯尼大樂隊」及「台視大樂隊」，並致力發展台灣本土爵士音樂，可說是台灣流行音樂的先驅，被樂壇讚稱為「60 年代群星會的音樂教父」，於民國八十五年成立「台灣爵士大樂團」，於民國八十七年發行首張台灣民謠爵士樂專輯《JAZZ WALK》；1981 年（民國七十年）做作曲〈原鄉人〉獲第十八屆金馬獎「最佳電影歌曲獎」、1999 年（民國八十八年）獲第十屆金曲獎終身成就獎、並在 2002 年（民國九十一年）以《沙河悲歌》一片獲得亞太影展「最佳電影原聲帶獎」；知名作名有〈浪花〉、〈八百壯士〉、〈汪洋中的一

〔註59〕見附錄二訪談紀錄 1001023。
〔註60〕資料來源：文建會台灣大百科全書，http://taiwanpedia.culture.tw/web/content?
　　　　ID=10238&Keyword=%E6%B9%AF%E5%B0%BC。

條船〉、〈花非花〉、〈大地勇士〉、〈原鄉人〉、〈源〉、〈沙河悲歌〉、〈早安台北〉、
〈小城故事〉等。

與劉福助合作的發行專輯作曲創作歌曲有〈我感謝你〉、〈堂堂二等兵〉、
〈恨你無了時〉、〈世間嘛是好迫迌〉、〈色即是空〉、〈錢多煩惱多〉。

與劉福助合作的契機，根據劉福助的說法，湯尼本就是個音樂人，與麗
歌唱片有合作關係，是個國、台語都有創作的音樂人，我是麗歌的旗下歌手，
自然有機會與湯尼合作到〔註61〕。

第四節　解嚴後金鐘金鼎加持的作品

在台語流行歌壇闖蕩超過半百年的劉福助，至今仍活躍在娛樂界實屬不
容易，除了演藝娛樂外，將對語言、文化、文學的保存也自視為一種使命，對
自己的創作言是一種以生命熱愛台灣民謠的體現。劉福助積半百年的走訪台
灣各鄉鎮演唱所累積的豐富文化知識，以及遍訪各地耆宿、探索歌曲的時代
背景意義，經數十年來在作詞、作曲的努力，嘔心瀝血，詞曲洋溢著濃醇厚
的台灣生命，更加可貴的是，熱愛台語歌謠傳唱熱情不絕，除了教唱歌謠，
幕前幕後皆盡心盡力，獲獎自然是必得的肯定並得其所哉。

劉福助第一個獲獎是在 1987 年（民國七十六年），由他的《十憨》〔註62〕
（見附件五，引用歌詞索引）專輯獲得 1987 年唱片演唱金鼎獎，並由當時的
行政院新聞局局長邵玉銘頒發獎牌。筆者約略以劉福助十六歲出道來算，一
個在台語流行歌壇盡心盡力了三十來年才受到肯定，實在有些委屈，這也反
映出來台灣在流行歌壇向少重視台語歌曲歌者的表現。

隔年，劉福助因自台灣電視台開播後，即因其優異的台語演唱才華被延
聘簽約，此後堅守崗位並透過電視台的傳播力量，台語歌謠之美更被廣為傳
唱。這樣的原因也在 1988 年（民國七十七年）劉福助自台灣電視公司退休
時，台灣電視公司頒發與他「傑出貢獻獎」，並由當年的總經理王家祥頒發。
同年又獲得了年度優良男歌唱演員，這是優良廣播電視節目金鐘獎項之一，
由行政院新聞局局長邵玉銘頒發該獎項。連續兩年分別獲得娛樂界的重要獎
項，遲來的肯定仍值得欣慰。

〔註61〕見附錄二訪談紀錄 1001217。
〔註62〕《十憨》，民國七十五年，藍天唱片音樂帶有限公司發行，詳細曲目見附錄四。

　　到了 1994 年（民國八十三年），也是劉福助豐收的一年，當年他以《二十四節氣》〔註63〕（見附件五，引用歌詞索引）專輯拿下唱片演唱金鼎獎，由當時行政院新聞局局長胡志強頒獎。同年度又以〈雞婆的三〇一〉贏得第六屆金曲獎「最佳作曲人獎」，由當時行政院新聞局局長胡志強頒獎。〈雞婆的三〇一〉是《二十四節氣》專輯中的其一曲目，足見此專輯製作的用心，以及受喜歡及被重視的程度非一般。

　　在 2002 年（民國九十一年），劉福助與洪榮宏二人，共同為八大電視股份有限公司擔任「台灣紅歌星」歌唱音樂綜藝節目主持人。此節目參與電視金鐘獎比賽，又贏得為 2002 年電視金鐘獎之「歌唱音樂綜藝節目主持人獎」。並由財團法人廣播電視事業發展基金董事長鄭瑞娥、執行長盛建南、以及 2002 年電視金鐘獎評審團主任委員李建興等共同頒獎。由「歌唱音樂綜藝節目主持人獎」可以看到劉福助不僅在歌唱創作的出類拔萃，累積多年的歌唱經驗及對娛樂界的深度了解，當起歌唱音樂綜藝節目持人，如同量身訂做再適合不過，也因為自己對節目的掌握如魚得水遊刃有餘。同樣的節目，於隔 2003 年（民國九十二年），再度摘下電視金鐘獎之「歌唱音樂綜藝節目主持人獎」，如此的被肯定實至名歸。

　　在 2004 年（民國九十三年），得獎的紀錄上又錦上添花、登峰造極的再獲得「本土文化貢獻金音獎」，這是中華文藝獎章的獎項之一，由行政院文建會所主辦頒發。連三年的得獎，說明劉福助的成果乃有目共睹，在台語歌曲的努力如今實至名歸，並可喜可賀。一路走來看劉福助從默默無名的小伙子進入娛樂界到今天的功成名就，達到人生高峰經驗自我的實現，關鍵就在劉福助說的「我從不放棄我的夢想」，這樣堅定的信念，篤實的去實行，就能摘下豐碩甜美的果實。

　　《十憨》這張專輯為榮獲 1987 年（民國七十六年度）唱片演唱金鼎獎，而針對「憨」，台灣俗諺也有此談「憨（gōng）」的相關俗諺，例如：「第一憨，做爸母（tē it gōng，tsò pē-bú）」，意思為天下父母心，為子女操煩，幾至傻憨的程度。又如：「第一憨，替人選舉運動（tē it gōng，thè lâng suán-kí ūn-tōng）；第二憨，種甘蔗與會社磅（tē jī gōng，tsìng kam-tià hōo huē-siā pōng）」，其意為日據時期，替他人為選舉助選，或當時的蔗農將辛苦所種的

〔註63〕《二十四節氣·上》、《二十四節氣·下》，民國八十三年，麗歌唱片廠股份有限公司發行，詳細曲目見附錄四。

甘蔗交給製糖公司收買而被剝削，均是愚蠢的作法。

然而隨著時代的改變，憨也隨之有所不同，如今或有人仍熱衷於選舉，然而為選舉而讚助的方式已大不同。而今可以用現金贊助所支持的候選人選舉，稱為政治獻金；或以實質相關物品贊助選舉，例如香煙、糖果、茶水、選舉布條、廣告等；或以人力的支援來贊助為選舉陣容造勢。更加大不同的是，助選的行為全是自己所願，可以瘋狂的為選舉熱衷的付出，也可以不聞不問的不為選舉支付半毛錢。

提到憨，劉福助在〈十八拐〉（見附錄五歌詞索引）說到自己為了追求女子一時不察，財物盡失，而責怪自己的憨。〈十八拐〉：「……講到第一憨，那我排先鋒。第二憨趁錢予人用。第三憨予人當做契兄公……」。可見人生在世，憨事不會只做一次或一件，但求能清醒而不沉迷，及時補救。

近十年來在科技的大躍進時代，台灣人民幾乎人手一機，手機的使用因普及，故在鈴聲的呈現方式也越花俏、多元，以吸引各階層各年齡層的使用者的需求，其中在網路可下載並廣為流傳受年輕人喜愛的，也有藝人許效舜說「天下十憨」，我們將與劉福助的〈十憨〉比較如下：

表四　〈十憨〉比較

劉福助版本	許效舜版本
人講第一憨（Lâng kóng tē it gōng）食薰噴風（Tsiáh hun pûn hong）	天下第一憨，食薰噴風（thian hā tē it gōng，　tsiáh hun pûn-hong）
第二憨是，撞球相撞（tē jī gōng sī long kiû sio tōng）	第二憨，撞球相撞（tē jī gōng，lòng-kiû sio-tōng）
第三憨是博僪起僪狂（tē sann gōng sī puàh kiáu khí kiáu kông）	第三憨，拍牌相公（tē sann gōng，phah-pâi siòng-kong）
第四憨是啉酒起酒瘋〔註64〕（tē sì gōng sī lim tsiú khí tsiú khong）	第四憨，放屎自己摸（tē sì gōng，pàng-sái ka-kī bong）
第五憨是，食檳榔嘔紅〔註65〕（tē gōo gōng sī tsiáh pin nñg áu hông）	第五憨，娶查某搧冬風（tē gōo gōng，tshuā tsa-bóo siàn tang-hong）

〔註64〕酒瘋：讀音「tsiú khong」。根據台日大辭典解釋為「lim 酒了起亂狂」。P.140。
〔註65〕嘔紅：讀音「áu hông」。根據台日大辭典解釋為「吐血」。P.16。在此比喻吐檳榔汁液。

第六憨是注彼號孫悟空〔註66〕（tē la̍k gōng sī tsù hit hō sun-ngōo-khong） 頭重重閣跤浮浮（Thâu tāng tāng koh kha phû phû）	第六憨，趁錢予政府充公（tē la̍k gōng， thàn-tsînn hōo tsìng-hú tshiong-kong）
彼號第七憨囉（Hit hō tē tshit gōng lôo） 簽彼號大家樂（Tshiam hit hō『大家樂』） 聽彼號童乩烏白謗〔註67〕（Thiann hit hō tâng-ki oo-pe̍h pòng） 拜啥物石頭公〔註68〕（pài siánn mih tsio̍h thâu kong） 拜碗公〔註69〕（pài uánn-kong）	第七憨，看阿兄叫阿公（tē tshit gōng， khànn a-hiann kiò a-kong）；
第八憨娶查某囝仔搧〔註70〕冬風（tē peh gōng tshuā tsa-bóo gín-á siàn tang hong） 會予人怨嘆閣兼笑倯〔註71〕（Ē hōo lâng uàn thàn koh kiam tshiò sông）	第八憨，洞房花燭夜中風（tē peh gōng，tōng-pâng hua-tsiok-iā tiòng-hong）；
第九是支票借人用（tē káu sī tsi-phiò tsioh lâng iōng）	第九憨，著六合彩組頭失蹤（tē káu gōng，tio̍h lio̍k-ha̍p-tshái tsoo-thâu sit-tsong）
彼號第十憨囉（Hit hō tē tsa̍p gōng lôo） 是我福助仔上界憨（sī guá Hok-tsōo á siōng kài gōng） 蘭花種去半天空（Lân hue tsìng khì puàn thian khong） 山頂山跤一直撞（Suann ting suann kha it ti̍t lòng）	第十憨，手機仔安怎拍攏袂通（tē tsa̍p gōng，tshiú-ki-á án-tsuánn phah lóng bē thong）。〔註72〕

製表人：賴明澄

〔註66〕孫悟空：讀音「sun-ngōo-khong」。對毒品速賜康的代稱。

〔註67〕謗：讀音「pòng」。根據台日大辭典解釋為「膨風講。」P.904。

〔註68〕石頭公：讀音「tsio̍h thâu kong」。根據台日大辭典解釋為「石頭有靈 kā 伊準神來拜，石頭造 ê 神像。」P.198。

〔註69〕碗公：讀音「uánn-kong」。根據台日大辭典解釋為「碗；大碗。」P.142。

〔註70〕搧：讀音「siàn」。根據台日大辭典解釋為「hōo 風吹 tio̍h。」P.684。

〔註71〕倯：讀音「sông」。根據教育部台灣閩南語常用辭典解釋為「土裡土氣、傻裡傻氣。例：你傷過倯矣，會予人笑死喔！Lí siunn kuè sông--ah, ē hōo lâng tshiò--sí--ooh!（你太土了，會被人家笑死喔！）」http://twblg.dict.edu.tw/holodict/index.htm。

〔註72〕許效舜「天下十憨」手機鈴聲：數位點子有限公司 Digital Co., Ltd Idea. http://www.myyoho.com/RBT/bell.asp?bell_item2_id=184。

　　許效舜說「天下十憨」這樣的內容實在與劉福助的〈十憨〉，有著異曲同工的玩味逗趣，也從這內容中些許的差異，看到時空的不同。我們至少確定一件事，那就是劉福助的〈十憨〉發行出版年代的台灣，當時雖有隨身帶撥打電話，卻是大多數人都沒有的物品，既昂貴也極不普遍，是沒有現代手機產品的年代。

　　許效舜與劉福助兩人均認為第一憨的事情就是「食薰噴風」；第二憨「撞球相撞」；第三憨雖在文字表達不一致，內容卻都指向賭博一事，許效舜認為是打麻將而相公的人是第三憨，則未指定何劉福助種賭博，只要是賭博就是第三憨了！從第四憨到第十憨，二人有共同看法的憨事為許效舜的第五憨娶查某搨冬風，劉福助的第八憨娶查某囝仔搨冬風，足見二人都以為男生帶女孩散步兜風是件蠢事呢！

　　而在其他的憨事，許效舜版就顯得比較近時性，加入了當代的科技產物手機，也拿起政府開玩笑，說第六憨趁錢予政府充公，見民主化的程度遠較劉福助時代。而在第七憨看阿兄叫阿公，這種近似無知的行為也出現，想必是視力出現狀況。另外第四憨放屎自己摸，同樣近似無知的行為出現，更是腦力認知出現狀況。這樣的天下十憨，看到的是娛樂的成分居多。

　　而看劉福助的〈十憨〉版本，雖不失娛樂的性質，也很清楚的看到勸化的元素。尤其在最後的第十憨，總慣例性的拿自己為被勸誡的對象，表示自己也曾愚笨到排行有名，並以自己的憨事經歷敘述，最後再來的勸化結尾，一貫的劉式作詞風格。

　　〈十憨〉這首歌曲分為三大段，第一大段說明第一憨到第十憨事件，而在第十憨是以自己為題材。第二大段則敘述自己的養蘭花憨事經歷過程。第三大段則是勸化大家不用汲汲營求、斤斤計較，人若憨直過日子，也是快樂的。以下乃〈十憨〉大意。

　　祖先都說了人生在世，天下第一笨事，就是嘴裡抽進煙嘴裡噴出風，無所事事只會進煙出風。再者天下第二件笨事就是，拿著球桿撞著球，一顆球撞著撞到別顆球，球再撞到其他的球，不斷的撞來撞去，就只聽到硬梆梆球撞的聲音時起彼落，Khih-khih-khók-khók 響著響徹耳邊。話說人生第三件笨事就是，坐在賭桌賭博，賭到雙眼只看到牌支，滿腦無法作思考，只要賭！賭！賭！

　　我的朋友啊！以上祖先所說的笨事你有沒有啊？或是你是屬第幾號笨者

呢？可還沒完喔！祖先還說呢那人生中的第四件笨事，就是無節制的喝起酒來，讓自己陷入發酒瘋的樣式。

話說做人的第五件笨事，就是嚼吃檳榔，不斷的嚼著咬著讓檳榔的獨特磚紅色汁液，染紅了雙片嘴唇。可知道這檳榔界的大王就屬倒吊子了，不小心吃到了它，你的心臟可是要極速的不時的跳動著，不只如此，還讓你滿頭大汗，來不及擦拭，真就是汗如雨滴了。

檳榔與台灣的生活關係密切，早期還是原住民的財富表徵，訪客來到家中，常以檳榔款待，已示誠意與財富。而今，檳榔已不再是財富的表徵，醫界不斷的告誡勿嚼食檳榔，嚼食檳榔的人易罹患口腔癌、鼻咽癌等疾病；而隨口吐出的檳榔汁液，也破壞環境衛生與觀瞻；隨著教育知識普及，現在嚼食檳榔的人口也明顯的減少。

還有那人生第六件笨事，就是施打所謂的「孫悟空」，也就是施打毒品的意思，將毒品施打入身體，就會出現神智不清頭重腳輕的現象，還以為自己漫步在雲端，騰空駕霧般的神勇，有如西遊記中的孫悟空般的七十二變武藝，不怕火車來相撞。

隨著時代的不同，可以看到劉福助發行此專輯年代，當時大眾周知的毒品稱為「孫悟空」。然而現代年輕人反而相當陌生，時空的不同，毒品氾濫更加嚴重，吸食毒品的人追求更劇烈的毒品來麻痺心靈。毒品的危害不輸菸酒帶來的傷害，不只傷害身體，更加毒害心靈。劉福助以用歌曲的方式來達到勸誡的功能，幽默的內容替代了教條，輕鬆的哼唱替代了教條的背誦。

人生中的第七件笨事，就是簽那個『大家樂』，也就是盲目玩簽賭遊戲，大家圍觀聽著乩童胡亂的指示出與中獎有關的任何無稽之談，（拜什麼有應公？）還要你去拜什麼石頭公，（也有要你跪在廚房下）要你拿出家中廚房裝菜的大碗公一直拜。

人生的過程中，還有那第八件笨事，就著放著正事不做，成天帶著美麗的媚妹，毫無目的到處去逛逛，還有忍受吹著寒冷刺骨的寒風，（這樣的行為簡直笨到家還加上愚蠢），這樣的你可是會被家人蠻怨嘆惜，也會被旁人看笑話。

再說那人生中的第九件笨事，就是拿著支票隨便借人家用，支票拿出去借人用看似不是拿現金借出去，以為沒關係，只是借一張紙，殊不知支票也是有價券的一種，隨便開出的支票，到期日未能兌現付與對方金額，可是要

負法律責任。倘若常常開出這種無法兌現的支票，自己的信用也會破產，沒人會想要拿你開的芭樂票。

　　人生的第十件笨事囉～就要說到福助我，想想我實在也是世上最愚笨的人，跑去投資種蘭花，門外漢的我總是將蘭花種到半天高，於是台灣北部、南部胡亂奔跑，接著上山下海、高山鄉下到處奔波，就是一直在玩種蘭花。下決心花了大手筆，福助我買了一支蘭花界的牛魔王，這是蘭花的新品種，以期能傲視蘭花界，這樣為了蘭花，想要優質與一般的品種皆能齊全，為了尋找各種蘭花品種的過程，可是一路煩憂到無法開心，買的大手筆及過程，旁人看到還要替你捏把冷汗！

> 做人憨較實（Tsò lâng gōng khah sit）
> 人憨好過日（Lâng gōng hó kuè jit）
> 作人免傷教（tsò lâng bián siunn gâu）
> 人教多計較（Lâng gâu to kè kàu）
> 計較無事使（kè kàu bô sū sái）
> 福到自然來（Hok kàu tsū jiân lâi）

　　為了這樣的事情，想到自己到處奔如此的疲累，卻一無所獲，到頭來把自己忙到一個人是如此的頹廢精神不濟，總以為水腫就是肥，無法做區別。想想做人如果憨厚一點是比較實在的，人憨厚的總比較好過日子，祖先不是也常講「天公疼憨人（thinn-kong thiànn gōng-lâng）」，做人不用太精明能幹，人一旦多了精明能幹就顯現多計較，凡是計較是無法成事，一但是屬於自己的福氣，該來時自然就降臨，不用多計較。

　　這樣一首〈十憨〉，劉福助善用著台灣的俗俚諺，加上自己的人生曾經的愚蠢經驗，其勸化成分十足，加上每個人或多或少曾有的「憨」，自然引起了共鳴，也難怪此張專輯會大受歡迎。一件藝術品或一個創作的呈現，若加入文化的元素，這樣一來，藝術品、創作將看到了生命的精采與延續，不再只是單單一個藝術品一個創作，自然將此藝術品、創作提升到共鳴、共贏的境界。而在台語流行歌壇，劉福助就是一個善用此點的藝人。

　　劉福助的另一個雙金鼎禮讚《二十四節氣》專輯，《二十四節氣》分上、下二張專輯呈現作品，並獲得 1984 年（民國八十三年）唱片演唱金鼎獎，及1984 年該年度第六屆金曲獎「最佳作曲人獎」，可說是劉福助的豐收專輯。在《二十四節氣上》與一般的唱片發行做了些許的不一樣，其不一樣乃如同在

一般書籍的發行，作者往往會在內容之前先排寫序，這樣子的作法在唱片的專輯發行上，劉福助展現了創新。在《二十四節氣上》的序上，作者在序上導讀了二十四節氣的內容摘要，說明是先民是如何觀察天象，如何分成節氣，以及其簡單的內在心思與期望。《二十四節氣上》序：

> 各位親愛的聽眾朋友大家好，廿四節氣是咱的先祖，千萬年來，用心計算，時時觀察、日日變化、小心分析所得的經驗多年來的累積，留給咱無價的寶，留給咱農業時代生活中，不可缺少的依靠，一年三百六十五天，三百六十五天分做七十二侯，一侯五天，三侯十五天剛好一個節氣，一季三個月，六個節氣，四季十二個月剛好廿四節氣，保留這話有聲的財產是我出道至今的願望，何況福助仔給您照顧三十多年，編寫這些歌詞的心情真歡喜，感覺真有意義，這篇廿四節氣在我手內足足有一年的時間，不斷的修改，不斷的增加，愈寫愈有趣味，因為裡面的每件事物，甲咱攏很熟悉親像咱聽過、看過，甚至做過，甲咱真有親切感，希望大家來參考，希望大家會喜愛，希望大家給我指教。感謝！多謝！勞力！〔註73〕

從唱片的歌曲內容，我們可知在此專輯中加上了農諺，及將習俗加入為歌曲的創作元素，是一大賣點及特點。劉福助一開始用著極清楚的解釋述說著，先人如何將一年三百六十五天，分成二十四節氣的分法；以一自己如何用心的在做修改與創作，語氣中帶著十足的誠懇與期待。專輯中的農諺是以說唱藝術呈現，用現代的話語常說為饒舌歌（Rap Music）〔註74〕的方式，也難怪有人視劉福助為台灣 Rap 的開端。而整張專輯更貼心的地方是，雖然用台語的有聲呈現，但在歌詞上亦有用華語加做農諺的解釋：

春　農諺

（女）初一落雨初二散，初三落雨到月半。（初一落雨初二會天晴，
　　　初 三落雨會下到月中。）

（男）烏雲若接日，明天不如今日。（烏雲近日，占翌日天氣會變，
　　　比今天會更不好。）

（女）正月雷，二月雪，三月無水過田岸。（一月鳴雷，二月下雪三

〔註73〕《二十四節氣上》，麗歌唱片廠股份有限公司，民國八十三年發行。
〔註74〕饒舌歌（Rap Music）：是一種以詞取勝的歌。為西非洲的口語詩人「格里歐特」（Griot）所創。

月則水少不夠灌溉。）

（男）早春好七迌，早夏粒末無。（春天早來正好遊春，夏天早來，
卻因涸早，晚冬收獲減少。）

（女）閃爍的星光星下風會狂。（星光閃爍，夜雖晴，有大風。）

（男）雷打蟄雨天陰天四九日。（驚蟄日鳴雷，雨或陰的天氣會有四
十九日之久，也有俗云：雷打蟄，百二十日。）

（女）二月踏青，二八三九亂穿衫。（台灣的天氣二三月冷暖不定，
八九月秋末，時寒時熱，故寒衣夏衣都穿。）

（男）透早東南黑，午前風俗雨。（清晨東南邊有烏雲，午前可能會
下大風雨。）

（女）二月三日若天青著欲忌清明。（二月初三若是好天氣，需要忌
諱清明時節會下綿綿雨。）

（男）三日風，三日霜，三日以內天晴光。（三日連續大風，其次三
日連續下霜，其後的三天一定是好天氣。）

（女）春天南，夏天北，無水通磨墨。（春天刮南風，夏天刮北風，
可能大旱。）

（男）正月寒死豬，二月寒死牛。

（合）三月寒著播田夫。（一二三月的天氣都很冷。）

以務農為生活方式的台灣先民，自然明白氣候與播種收成的密切關係，
先民在縝密的長期生活觀察下，於每季各有不同該注意的事情與順序，用著
言簡意賅、以及時序狀況的貼切語句，讓後代的人清楚又明瞭的知道天象的
變化與運行。立春〔註75〕，表示寒冷的冬天快要結束了，大地萬物開始有生
機，春天即將降臨大地了。一片片剛插秧的綠油油稻田，農夫們忙著除草、
施肥，將先前已播種的農作物照顧得更好；農夫們也會依據立春日的天氣好
壞，預測全年的農作收成狀況。台灣俚俗諺說：「立春天氣晴，百物好收成
（lip-tshun thinn-khì tsîng，pah-bùt hó siu-sîng）」，意思是指如果立春那天是
晴天，這一年五穀就會豐收，反之，作物就會歉收。入春後，天氣陰晴不定、
冷暖無常，所以台灣俚俗諺說：「春天後母面（tshun-thinn āu-bú bīn）」；春天
若降霧，天氣就會晴朗；夏天若降霧，就會下豪雨而造成水災，所以台灣俚

〔註75〕立春：台語讀音「lip-tshun」，國曆2月4日或2月5日，民國之後，政府將
立春這一天定為「農民節」，在這一天舉辦慶祝活動，並且表揚模範農民。

俗諺說：「春濛曝死鬼，夏濛做大水（tshun-bông phak sí kuí，hā-bông tsò tuā-tsuí）」。「雨水〔註76〕」的到來，正好符合農夫們春耕播種的需求，春雨綿綿，這個節氣會帶來充沛的雨水，是許多作物生長的好時期，所以台灣俚俗諺說：「雨水甘蔗節節長（ú-suí kam-tsià tseh tseh tńg）」；雖然已經是春天了，但是氣溫依然偏低，尤其海水溫度常比氣溫低，摸起來寒意湧上心頭，所以台灣俚俗諺說：「雨水，海水較冷鬼（ú-suí，hái-tsuí khah líng kuí）」。

春雷初響，大地萬物開始萌芽生長，節氣進入「驚蟄〔註77〕」，冬天時躲進土壤內或在石洞裡蟄伏起來的動物被春雷驚醒後，也開始甦醒、活動，迎接春天的來臨；驚蟄之後氣溫升高，不只是冬眠的動物出來活動，連鳥兒都會飛出鳥巢，停在樹枝上曬太陽，所以台灣俚俗諺：「驚蟄鳥仔曝翅（kenn-tit tsiáu-á phak sit）」。在驚蟄節氣前，農夫是忌諱打雷聲響，表示可能會出現雨水連綿的異常天氣，而且容易發生災害，所以台灣俚俗諺：「未到驚蟄雷先叫，四十九日暗天拍（buē kàu kenn-tit luî sing kiò，sì-tsáp-káu jit àm-thinn phah）」。時節進入「春分〔註78〕」後，由於春分時節氣候變化大，農作物感染病蟲害的機率也大增，氣溫也較不穩定，人們容易生病。春分這天對務農的人家言，有其指標性，正如台灣俚俗諺：「春分有雨病人稀，五穀稻作處處宜（tshun-hun ū hōo pēnn-lâng hi，ngóo-kok tiū-tsò tshù tshù gî）」，意思是說春分這天如果下雨，人們就會特別注意天氣的變化，增添衣物；而五穀、稻作也因有雨水的滋潤，會更容易生長。

春分節氣後就是「清明〔註79〕」，清明時節吹東南風，它是暖風，也為這個時節帶來豐沛的雨水，但台灣尚未完全脫離東北季風期，所以有時冷鋒還是會過境，氣溫變化很大，白天出太陽，愛美的年輕人常穿著涼快的春裝出門，卻沒想到晚上天氣變冷，馬上就受寒著涼了，所以台灣俚俗諺：「三月初，寒死少年家（sann-gueh tshue，kuânn sí siàu-liân-ke）」。清明日的風向及氣候也是農人、漁夫預測是否能豐收的指標，清明日吹南風的話，稻作就

〔註76〕雨水：台語讀音「ú-suí」，國曆2月18日或2月19日。

〔註77〕驚蟄：台語讀音「kenn-tit」，國曆3月5日或3月6日。

〔註78〕春分：台語讀音「tshun-hun」，進入「春分」後，代表著春天已經過了一半。「春分」這一天，太陽會直射在赤道，所以南、北半球受到日照的時間一樣長，晝夜平分。從這天起，白天會越來越長，夜晚則一天比一天短了。而「春分」和「秋分」節氣有著類似的晝夜平分狀況。

〔註79〕清明：台語讀音「tshing-bîng／tshinn-miâ」，國曆4月4日或4月5日。

會豐收；如果吹北風，則可能會歉收，所以台灣俚俗諺說：「清明風若從南起，預報田禾大有收（tshing-bîng hong nā uì lâm khí，ū pó tshân-hô tuā ū siu）」；而在氣候方面，清明這一天如果天氣晴朗，日後雨水就會多；反之，則可能會有乾旱，所以台灣俚俗諺說：「清明晴魚高上坪，清明雨魚埤下死（tshing-bîng tsîng hî ko tsīng pînn，tshing-bîng hōo hî pi ē sí）」。春天的最後一個節氣是「穀雨〔註80〕」，在清明時節，農夫們的插秧工作已經結束了，到了穀雨時節就開始種植豆類作物，所以台灣俚俗諺：「清明田，穀雨豆（tshing-bîng tshân，kok-ú tāu）」；而茶農可要記得，春茶最好在穀雨時節開始採收，而且時間一定要拿捏得當，否則太晚採收的話，茶的品質就會不好，所以台灣俚俗諺說：「穀雨前三日無茶挽，穀雨後三日挽袂赴（kok-ú tsîng sann-ji̍t bô tê bán，kok-ú āu sann-ji̍t bán bē hù）」。在春季的節氣中，包括了「立春」、「雨水」、「驚蟄」「春分」、「清明」、「穀雨」。

夏　農諺

（女）立夏小滿，雨水相趕。（立夏與小滿是梅雨季節雨水多。）

（男）雲勢若魚鱗，來朝風不輕。（鱗雲重疊來朝必起大風。）

（女）春茫曝死鬼，夏茫做大水。（春天霧濃必大旱，夏天霧濃必大雨。）

（男）四一落雨空歡喜，四二落雨花無結子。（四一因還沒結實，四二落雨雖有開花卻未結實，四月農作物忌長雨，收穫不多。）

（女）四月二六海水開日。（入夏之後海水浪潮漸大）

（男）五月端午前風大雨也連。（端午節前常常風雨連綿少有晴天。）

（女）紅雲日出生，勸君莫出行。（日出時有紅雲是颱風兆，所以不要外出。）

（男）袂食五月粽，破裘仔毋通放。（還沒有過五月節天氣尚未穩定，棉被不可棄之。）

（女）六月十二彭祖忌無風也雨意。（六月十二日式彭祖的忌日，也是颱風的季節，雖沒有風也有雨意。）

（男）六月棉被揀人蓋。（六月身體虛弱的上需要蓋棉被。）

（女）年驚中秋月驚十九。（月到十九近月底，年過中秋近年底，時

〔註80〕穀雨：台語讀音「kok-ú」，國曆4月20日～或4月21日。農夫忙完春耕，稻田裡的秧苗正需要豐富的雨水來滋養，於是命名為「穀雨」。

間過得快。）

（男）田嬰若結堆，戴笠穿棕蓑。（蜻蜓群聚蜻蜓群飛乃雨兆。）

（女）四月芒種雨五月無焦土。

（合）六月火燒埔。（如果芒種日下雨，五月多雨，六月就會久旱。）

　　夏季的節氣包括「立夏〔註81〕」、「小滿」、「芒種」、「夏至」、「小暑」、「大暑」，「立夏」代表著春天播種、種植的農作物長大了。「立夏」正式告示夏天來了，不過距離真正酷熱的夏天還是有一段時間，倘若立夏當天吹起東風，今年就會少下雨，並且會有乾旱，農夫們可望天祈雨傷透腦筋了。而「立夏」是屬於傳統的八個代表性節氣之一，在這一天，婦女們都會將李子榨成汁，混在酒裡喝，這種酒自古傳說能夠養顏美容，所以稱為「美容酒」。

　　「夏至〔註82〕」這一天的太陽會直射北回歸線，使得北半球受日光最多，所以是一年當中白天最長、晚上最短的一天，正符合了夏日炎炎，長夏漫漫不過，天氣已經炎熱到讓人頭昏腦脹，哪裡也不想去，即使有人請客吃飯，雖然很想一飽口福，但是一想到外頭炙熱的陽光，只好打退堂鼓了，所以台灣俗諺也說了：「夏至，愛食無愛去（Hā-tsì，ài tsiàh bô ài khì）」；這一天並非夏季最炎熱，真正的炎熱天氣要等到「夏至」之後的「小暑〔註83〕」和「大暑〔註84〕」，小暑過，一日熱三分，小暑這一天過後，天氣就會一天比一天還炎熱；「大暑」的前後是一年中天氣最熱的時候，因為天氣十分酷熱，很多人熱到受不了，就會不顧面子把衣服脫掉，就顯得不禮貌，也沒君子風範，所以台灣俚俗諺也有說：「小暑大暑無君子（Siáu-sú Tāi-sú bô kun-tsú）」。大暑時節的雨水量對稻作的生長影響很大，此時節若因炎熱發生乾旱缺水，就會迫

〔註81〕立夏：台語讀音「lìp-hā」，大約是國曆五月初，而台灣的國曆五、六月正值冷暖鋒交接並在台灣的上空停留，因而帶來豐沛的雨水，形成陰雨綿綿的天氣，這也就是梅雨季節，古代也常將以「立夏」這一天的天氣狀況好壞，作為判斷當季天氣好壞的準則。

〔註82〕夏至：台語讀音「hē-tsì」，國曆 6 月 21 或 6 月 22 日，這一天的太陽會直射北回歸線，使得北半球受日光最多，所以是一年當中白天最長、晚上最短的一天。

〔註83〕小暑：台語讀音「siáu-sú」，國曆 7 月 7 或 7 月 8 日，天氣已經很炎熱，但不是最熱時候。

〔註84〕大暑：台語讀音「tāi-sú」，國曆 7 月 23 或 7 月 24 日，大暑的前後是一年中天氣最熱的時候。

使農夫們休耕；但若因颱風來襲帶來過多的雨水，就會毀掉農夫們辛苦栽種的作物，實在難兩全，所以說：「大暑大落大死，無落無死（Tāi-sú tāu lȯh tuā sí，bô lȯh bô sí）」。

在《二十四節氣下》（見附件五，引用歌詞索引）接續了上輯未完的內容，故在農諺部份，有秋季與冬季的農諺，以示一年四季春、夏、秋、冬二十四節氣的完整敘述。在下輯裡更包括了中元節、中秋節、重陽節、尾牙、送神等重大節日及習俗，對台灣文化的保存，此專輯實在提供了極大的學術研究。

秋　農諺

（女）六一一雷壓九颱。（六月一日鳴雷，這年颱風少。）

（男）七一一雷九颱來。（七月一日鳴雷，這年颱風多。）

（女）五月蝶討無食。（五月花季已過，五月蝴蝶比較採不到花粉）

（男）六月攏無巧七月頓頓飽。（六月節日少沒得吃，七月份節日拜拜多，吃的機會也多。）

（女）風颱做了無回南，十日九日澹。（颱風過後，風向不轉南吹，上有多日下雨。）

（男）雲佈滿山底，透暝雨亂飛。（烏雲佈滿山底，一定風雨交加）

（女）雷打秋晚，冬一半收。（立秋日如有雷，晚冬〔二期稻作〕收成不好〔半收〕。）

（男）秋靠露，冬靠雨，白露末擾土。（秋天靠露水，冬天靠雨水，白露這天不可擾動土壤，以免損害農作物。）

（女）紅柿若出頭，羅漢腳仔目屎流。（紅柿出已是秋天，天氣轉涼，光棍日子難過。）

（男）八月大蔬菜免出外。（八月大〔三十一日〕氣候不順，蔬菜收成不好，不夠拿出去賣。）

（女）八月八落雨，八個月無焦土。（八月八日下雨占長雨。）

（男）七豎八倒九斜十落。（金牛宮底的小七星，其每天在天上的位置是七月豎、八月倒、九月斜、十月落。）

（女）九月起風降，臭頭扒佮抽。（九月秋天風乾燥，臭頭的人會癢，且會拼命抓不停才感到止癢。）

（男）烏雲飛上山

（女）棕蓑提來攎

（男）烏雲飛落海

（合）棕蓑覆狗屎（滿山烏雲定有雨，出門帶雨具；滿天烏雲飛向
　　　海邊，則會轉晴不需雨具。）

　　秋季的節氣包括了「立秋〔註85〕」、「處暑」、「白露」、「秋分」、「寒露」、
「霜降」，農夫們一定要趕在立秋前後完成插秧工作，否則再晚的話，就會
影響稻作的生長，倘若遇上低溫期，稻子會長不好，所以選對時機插秧播種
是很重要的。在立秋當日農夫是十分忌諱打雷的，因為「雷拍秋，年冬懸地
半收，低地水漂流（luî phah tshiu，nî tang kuân tē puànn siu，kē-tē tsuí phiau-
liû）」。處暑〔註86〕，這個季節是颱風最多的一個季節，俚俗諺也說：「七月
風颱母（tshit-guáh hong-thai bú）」，可見此時颱風的威力是相當驚人的。白
露〔註87〕，古人以金、木、水、火、土的金，表示秋季，代表顏色是白色，
所以便將秋天的露水叫做「白露」。秋分〔註88〕一來，白天就會越來越短，
夜晚會慢慢加長，天氣也開始慢慢變涼了，秋分這天是日夜等長，所以俚俗
諺也說：「春分秋分日夜對分（tshun hun tshiu hun jit iā tuì-pun）」；進入秋分，
雷聲不再像轟隆隆的響；春分出土活動的小蟲，在秋分過後也會陸續回到土
裡，準備過冬；此時天氣涼爽，水氣也不像夏天時那麼充沛，將開始逐漸乾
涸，天氣也慢慢轉涼，俚俗諺也說：「二八亂穿衫（jī-peh luān tshīng-sann）」，
意思是指農曆二月和八月這兩個月份，正處季節交替時，不冷不熱，個人因
體能不同對溫度感受不一，個人各自穿其適合的衣裳。「寒露〔註89〕」一來，
也是東北季風期，涼爽的東北季風讓我們慢慢遠離酷熱，感覺涼爽但卻不寒
冷。秋季的最後一個節氣是「霜降〔註90〕」，進入「霜降」節氣後，颱風不
再發生，所以俚俗諺說：「霜降風颱走去藏（song-kàng hong-thai tsáu khì

〔註85〕立秋：台語讀音「lip-tshiu」，國曆8月7日或8月8日，是節氣邁入秋涼的
　　　　先聲，表示酷熱難熬的夏天即將過去，涼爽舒適的秋天就要來了。

〔註86〕處暑：台語讀音「tshù-sú」，國曆8月23日-9月6日，雖然已經進入屬於秋
　　　　天的處暑，但是天氣還是很炎熱，一點都不像秋天的季節，所以人們也將這
　　　　種炎熱的天氣稱為「秋老虎」。

〔註87〕白露：台語讀音「péh-lōo」，國曆9月7日-9月22日。

〔註88〕秋分：台語讀音「tshiu-hun」，國曆9月23日或9月24日，秋分這天是日夜
　　　　等長。

〔註89〕寒露：台語讀音「hân-lōo」，國曆10月8日或10月9日，正值東北季風增強。

〔註90〕霜降：台語讀音「song-kàng」，國曆10月23日或10月24日。

tshàng）」。

冬　農諺

（女）早落早好天，慢落到半暝。（晨下雨午後陰轉晴，午後才下雨
　　　　就會下到半夜。）

（男）霜降出，無齊牽牛犁。（霜降時稻穗長不齊，收穫壞，要重新
　　　　拖牛耕地。）

（女）十月日生翅，貧惰查某領袂直。（十月白天短，太陽下山快，
　　　　懶女人工作會做不完。）

（男）晚霧即時收天晴可有求。（夕暮天霧易散，翌日天晴有望。）

（女）送月雨，後月無焦土。（月底下與占下月份雨水會多。）

（男）落霜有日照，烏寒著無藥。（陰冷天氣雖落霜，假如有日照可
　　　　溫暖，但若只是陰天，則就寒冷。）

（女）大寒不寒，人畜不安。（大寒當天，天氣應該要冷，否則人畜
　　　　會多病。）

（男）初三四月眉意，十五六月當圓，廿三四月暗暝。（月初月中月
　　　　底的月之圓缺明暗。）

（女）晚看西北烏，夜半起風雨。（傍晚西北方天上有烏雲，半夜則
　　　　會有風雨。）

（男）十二月初三黑龜湳，落雨落到二九暗。（十二月初三日是烏龜
　　　　精生日，當天若下雨則會一直下到除夕夜。）

（女）冬節在月頭

（男）欲寒佇年兜

（女）冬節月中央

（男）無雪亦無霜

（女）冬節佇月尾

（男）欲寒正二月。（冬至如在月初，年底會很寒冷；冬至如在月
　　　　中，當年冬天很少有雪；冬至如在月底，當年冬天不會冷，
　　　　則會在隔年一二月冷。）

　　進入一年的最後一個季節冬季，也將是進入寒與冷的氣候，冬季六各節
氣包括「立冬」、「小雪」、「大雪」、「冬至」、「小寒」、「大寒」。立冬〔註91〕

〔註91〕立冬：台語讀音「lïp-tang」，國曆 11 月 7 日或 11 月 8 日。

代表著冬天的來臨，農夫的作物活動告一個段落，準備將收成品收藏起來；同時動物也開始準備冬眠，以度過嚴寒的冬天。臺灣在當天有個習俗，就是「補冬〔註92〕（póo-tang）」；天氣進入寒冷，東北季風逐漸轉強，越來越冷，需要補充營養，故台灣俚俗諺說：「立冬補冬，補喙空（lip-tang póo-tang，póo tshuì-khang）」；又說：「立冬收成期，雞鳥較會啼（lip-tang siu-sîng kî，ke tsiáu khah ē thî）」，因為立冬時期正值收成季節，飼養的雞或野生鳥群有穀物可吃，所以常會生機勃勃的大聲啼叫！

　　「小雪〔註93〕」是冬季的第二個節氣，在臺灣，這個節氣的氣候會變得比較寒冷，但不會下雪，但卻不能在此時有冬雷響，冬天打雷會影響往後作物生長，且豬羊六畜都將有災疫，不易長大養肥；所以台灣俚俗諺說：「月內若陳雷，豬牛飼袂肥（guéh lāi nā tân-luî，ti gû tshī bē puî）」。二十四節氣從「小雪」進入「大雪〔註94〕」，氣溫越來越低，一波波的寒流也緊接而來，此時寒冷的季節是台灣西部漁民捕獲烏魚好時機，魚獲量豐富，烏魚群從小雪時節，慢慢進入臺灣海峽，天氣越來越冷，烏魚群也越來越多，所以台灣俚俗諺說：「小雪小到，大雪大到（siáu-suat sió kàu，tāi-suat tuā kàu）」，而海潮在農曆十一月初三與十八日，有提早滿潮卻較晚退潮的現象，所以台灣俚俗諺說：「頂初三下十八，早潮晏退（tíng 在台灣想看高山雪景，可能要等到更寒冷的節氣，加上水氣充沛，才有機會看到。

　　進入冬至〔註95〕後，天氣更加寒冷了，冬至的「至」是「最」、「極」的意思，也就是說這一天是冬天裡最寒冷的一天。太陽直射南回歸線，所以北半球的冬至是白天最短、夜晚最長的一天。過了冬至之後，日光照射逐漸北移，白天就越來越長，黑夜也越來越短了。冬至在民間習俗上，這一天要搓湯圓，並祭祀祖先和神明。當天的天氣常被拿來預測過年的天氣，台灣俚俗諺說：「乾冬至，澹過年（ta tang-tsueh，tâm kuè-sî）」、「冬至佇月頭，欲寒佇年兜（底）（tang-tsueh tī uéh-thâu，beh kuânn tī nî tau）；冬至佇月尾，愈寒佇正月（tang-tsueh tī guéh-bué，beh kuânn tī tsiann-guéh）；冬至佇月中，無雪也

〔註92〕補冬：台語讀音「póo-tang」立冬當天進入冬天的天氣寒冷，需要補充營養，媽媽們會燉薑母鴨、麻油雞、四物雞來補充能量，順便犒賞一家人一年來的辛苦。

〔註93〕小雪：台語讀音「siáu-suat」，國曆 11 月 22 日或 11 月 23 日。

〔註94〕大雪：台語讀音「tāi-suat」，國曆 12 月 7 日或 12 月 8 日。

〔註95〕冬至：台語讀音「tang-tseh／tang-tsueh」，國曆 12 月 21 日或 12 月 22 日。

無霜（tang-tsueh tī gueh-tiong，bô seh iā bô song）」。

「小寒〔註96〕」天氣寒冷，冷鋒一道道來襲，台灣俚俗諺說：「小寒大冷人馬安（siáu-hân tuā ling jînbé an）」，其意是說冬至過後，天氣應該要再寒冷一點，如此才符合季節變化，人、牲畜才會平安沒災害；倘若在十二月出現打雷，那麼隔年就會有豬瘟，豬隻會大量死亡，也就不必使用豬槌來宰豬了，所以台灣俚俗諺說：「十二月雷，毋免用豬槌（tsáp-jī gueh luî，mī bián iōng ti-thuî）」。二十四節氣的最後一個節氣「大寒〔註97〕」，這一天吹起北風，並且讓天氣變得寒冷，就表示來年會豐收；相反的，如果這一天是吹南風而且天氣暖和，則代表來年作物會歉收；如果遇到當天下起雨來，來年的天氣就可能會不太正常，進而影響到作物的生長。所以「大寒」當天的天氣是以前農業社會的重要指標，所以台灣俚俗諺說：「大寒日驚南風起，當天上忌落雨時（tāi-hân-jit kiann lâm-hong khí，tong thian siōng kī lóh-hōo sî）」。

在此張專輯中有一首歌，其歌名標題看起來很特別，〈雞婆的三〇一〉（見附件五，引用歌詞索引）。根據劉福助的說法此首歌曲最早收錄於 1900 年（民國七十九年），由臺北市巨豪唱片公司發行《雞、機、契／懶系查某》專輯中，錄製完畢公司倒閉，負責人逃到中國去，所以並未在市面上販售。其創作的背景乃源於美國人用「三〇一條款」來制裁台灣人漠視自然環境，濫殺動物又濫砍樹木，這樣的行為是違反天理的，對台灣施與經濟報復，來制裁台灣人破壞自然法則的行為。想想人啊！為了吃補享美味享口福，就來害死動物，若以健康言或許有了補償到身體的強壯。但若以輪迴的角度來看殺生動物食用，那麼，下次輪迴時，自然就由牠來吃你囉！劉福助對〈雞婆的三〇一〉的口述：

> 當時在寫〈雞婆的三〇一〉時，因為當時的台灣人常受美國所謂的
> 301 條款，動不動就要對台灣施加處罰壓力。其原因是說台灣人沒
> 有保育觀念，常濫殺保育動物以飽口慾。記得當時還曾因為外國的
> 環保團體拿台灣喜歡用犀牛角產品、還有虎標萬金油、還有台灣人
> 特別愛吃野生動物，以致犀牛、老虎等遭濫殺，甚致於保育類動物

────────────

〔註96〕小寒：台語讀音「siáu-hân」，國曆 1 月 5 日或 1 月 6 日。以國曆來說，「小寒」應該是一年的第一個節氣，因為此時是國曆的一月五日。但是，一年真正的第一個節氣是「立春」。

〔註97〕大寒：台語讀音「tāi-hân」，國曆 1 月 20 日或 1 月 21 日。冬季的最後一個節氣。

都遭濫殺。言下之意

> 那時我覺得美國人太雞婆了，自己家管好就好，那用得著一直來管
> 台灣？當時的新聞也不斷報導此事，我聽了心中確有不適，所以以
> 此事件做了這首歌，自然也要勸人不要為了滿足口慾、或物慾，而
> 濫殺動物。雞婆是指美國，301是指條款。〔註98〕

　　這樣的創作引進了當時社會事件的元素，也是劉福助的創作元素之一。一個擅於觀察生活周遭事件為題材的創作者，自然不會放掉如此的閃光燈事件。這樣的歌曲創作取材當然是新鮮罕見的，自然也就受矚目，也難怪能頂上金鼎。這首〈雞婆的三〇一〉六大段。第一大段說著天下嗜好美食的老饕，總為了尋找美味而跑遍天南地北。第二大段則引用了台灣的諺語說明老饕的吃像，幾乎是不求代價的只求一嚐美味。第三大段則敘述各種動物對人類的用處，所以會有不惜捕殺動物行為。第四大段則為被捕捉的動物抱屈與抱不平，心疼動物無法為自己求救，反問人類若為動物你又將如何？第五大段為責怪美國的多事，用了三〇一條款來對台灣施與經濟報復手段。第六大段再度勸化大家，以輪迴的角度看，同樣都是父母生，何必結下冤仇，冤冤相報何時了。

　　〈雞婆的三〇一〉的重點摘示：世上最愛吃的物種應該是人類了，不只愛吃並且講究料理技術，其料理技術如同天工巧奪般的精緻。放眼五湖四海各地域，只要有芳香美食可都嚐盡，天南地北各地方的用餐食類，儘管樣樣不同，樣樣吃、樣樣嚐、樣樣品，就是吃盡一切美食，一樣也不放棄。

> 有毛食到棕簑〔註99〕（ū môo tsiảh kù tsang-sui）
>
> 無毛食到秤錘〔註100〕（Bô môo tsiảh kàu tshìn-thuî）
>
> 親像天頂飛的（Tshin tshiūnn thinn tíng pue--ê）
>
> 水底泅〔註101〕的、土腳〔註102〕爬的（tsuí té siû--ê、thôo-kha pê--ê）
>
> 土底藏的、徛的蹲的（Thôo té tshàng--ê、khiā--ê、khû--ê）
>
> 半蹲徛仔（Puànn khû khiā --ê）

〔註98〕資料由劉福助口述提供。見附錄二訪談記錄991115。
〔註99〕棕簑：讀音「tshiú lōo」。根據台日大辭典解釋為「棕櫚ê毛做ê雨具。」P.624。
〔註100〕秤錘：讀音「tshìn-thuî」。根據台日大辭典解釋為「秤仔ê錘。」P.226。
〔註101〕泅：讀音「siû」。根據台日大辭典解釋為「游泳。」P.668。
〔註102〕土腳：讀音「thôo-kha」。根據台日大辭典解釋為「地面。」P.452。

攏嘛哺哺〔註103〕食食（Lóng mā pōo pōo tsiáh tsiáh）

吞吞落腹內〔註104〕（Thun thun lóh pak lāi）

　　講到吃既然不放棄一切的美味，那就有毛的什麼都可吃，即使是蓑衣也視為毛類，只要能料理出美味照樣食用；而沒有長毛的也照吃，縱使是秤鉈硬如鋼鐵，只要料理出好味道能下口，一樣吃無誤；吃呀吃，不能放棄的還有水裡游的生物、地上爬的動物、躲藏在地底下的動物、即使是只能站著的動物、或是無法站立的生物、以及不能站立也不能爬行的動物，一切動物只要能料理煮食出人間美味，煎、煮、炒、炸、燉、烹、滷、烘、烤、蒸、煤、焠、焄、煲、熬、燙、燒，通通將之送入嘴裡咬著嚼味著，就這樣吃著美食，心滿意足的將食物送進肚子五臟廟府裡。

　　人類啊！為了吃什麼都不怕，若是抓到了大型兇猛動物，諸如老虎、豹、獅子、或大象，就把牠們的皮先剝下來，再來考慮如何料理；而蛇類、狐狸類、及貓類，食用牠們，對人體有清血作用呢！舉凡會飛的、會跳的、會爬行的動物，均能抓來烘烤呢！再說呢，動物的皮不只紋路漂亮，又非人工能比擬，穿起來保證又保暖，當然裁裁剪剪縫做漂亮的衣裳；動物頭上的角，又能磨成粉入藥、其骨頭就把它拿來焠煮成補膠、最有神奇的效力的鞭，把它拿來做成藥丸拿給老爸食用；小型的動物就把它拿來放入玻璃罐內泡藥酒好補身；大隻的動當然就把它分成數等分，有的拿來燉湯、有的拿來滷滷做紅燒，剩下的還能拿來炸油，好日後炒菜主料理用。

　　可憐的動物一旦被人類抓到，只有哀聲淒厲的大叫，不斷的翻滾反抗卻無力求救。想想若是我們人類反過來是動物，你會放過那些抓動物的人類嗎？弱肉強食，物競天擇，千百年來不斷的循環著。冤冤相報何時了？做人不要太固執，不要以為自己永遠是對的，也不肯相信自然或天理，對於「輪迴」這件事，相不相信就在於你自己。為了食用、營養、進補，慘忍的去殺生。想想啊！深思熟慮一下，我們人類自己、還有被殺的動物，不都是人生父母養的嗎？

　　在這首〈雞婆三〇一〉歌曲前面，劉福助加以斷語「偶然犯事叫做錯（ngóo jiân huān sū kiò tsò tshò），立心犯法叫做惡（lip sim huān sū kiò tsò

〔註103〕哺：讀音「pōo」。根據台日大辭典解釋為「用牙齒咬食物。」P.887。

〔註104〕腹內：讀音「pak lāi」。根據台日大辭典解釋為「（1）腹肚 ê 內面。（2）內臟。」在此解為（1）P.593。

ok）」，從斷語內容我們仍明白清楚看到，一貫的劉氏風格，勸化教育永不脫離創作。換句話講勸化乃是劉氏的創作元素之一。在此專輯發行上，又出現了與一般唱片發行的不一樣點，那就是都為專輯的每一首歌曲內容下一句前言斷語，這樣的作法在當時一般的唱片是未見的作法。

第五節　西元兩千年之後新作品

劉福助自 1967 年（民國五十六年）首度發表譜曲創作〈安童哥買菜〉，即造成轟動，爾後不斷有新作品出現，也都被驚歎號連連，直呼好作品，一個多產的創作者一直到現在都還在致力於創作。我們可以看出在 2001 年（民國九十年）前的創作量是劉福助的高峰期，高峰期的成就經驗累積奠定現今的聲望與人生價值。在西元 2000 年後的作品，劉福助以高齡六十八歲，在 2008 年（民國九十七年）發行了一張專輯《燒酒愈飲負債愈深》（見附件五，引用歌詞索引），從專輯的名稱我們更加明瞭劉福助的語重心長，如醍醐灌頂般的勸化功能明顯是創作的重點。

《燒酒愈飲負債愈深》是專輯名稱，也是單曲歌名，整首歌曲我們可以看到以酒來引入創作，藉著同音異意的趣味，「好久」、「好酒」來創作。此首創作分為四大段，第一大段說明在酒宴中，每人都想成為最猛的一個酒國英雄。第二大段藉由好不見的朋友，就需藉由好酒來支持感覺很贊的情誼，於是拼下酒膽與酒量，以致不醒人事、不成人形。第三大段敘述著卡債纏身導致酒宴相聚減少，喜歡喝酒的人還是一心念著朋友交情深，沒有繼續一起喝酒就不能同心。但若要「人情世事陪到到，無鼎佮無灶（Jîn tsîng sè-sū puê kàu kàu，bô tiánn kah bô tsàu）」。第四大段說了到處拼酒，隨意乾杯下，弄壞了身體總得不償失，不要等到喝壞了身體，才知酒傷身傷財。

有緣相逢就在酒宴中，各路豪傑聚在一起，自然不能放過拼酒，總得顯示誰才是酒量第一強，就這樣大家一路敬酒、拼酒，誰能不醉倒的那個才是第一神勇呢！論酒量這酒宴裡有哪個人能與他相比擬呢？

　　『好久不見』（『好久不見』）

　　請咱三兩攤講零星〔註105〕（Tshiánn lán sann nñg thuann kóng lân san）

　　好友感覺『很讚』（hó iú kám kak『很讚』）

〔註105〕零星：讀音「lân san」。根據台日大辭典解釋為「零碎」946。

鬥陣的盤 nuá〔註106〕唰酒會芳（Tàu tīn ê puânn nuá tsiú ē phang）

請客醉甲袂震動（Tshiánn kheh tsuì kah bē tín tāng）

好久不見，我的好朋友們，這好友請起客來三兩次，說只是小意思，好友相聚感覺特別的贊，大家在一起培養情感，尤其邊聊邊喝酒感情就顯特別濃郁，酒也特別香淳，請客的人喝的醉茫茫，無法動彈倒臥在地；而我呢！也喝得茫酥酥暈頭轉向毫無理智可言，東倒西歪的一點都不成人樣，等到大家一哄而散只剩我一人落單，沒人腹脹可是會像猴子一般被吊起來修理一番呢，我醉茫茫倒在那，醉了還再喝，喝了更是醉。

近來為還了償還卡債，一身難以輕鬆，所以較無空閒可以出來喝兩杯，想想好朋友的交情是那麼的友好，太久沒相聚喝兩杯似乎都要忘記了彼此，清楚得用心看透了人情世故冷暖社會，要知道倘若每個場合都要做到盡善盡美光鮮亮麗，那麼家中就要準備無米可炊食，一家人恐怕要餓肚皮了。想想在交際應酬上，我們不應該毫無節制，也不要逞強的繼續下一攤下兩攤，如此不只花費了金錢也傷害了身心與家庭，懂得節省之道才是長久之計，要不然你可是會酒入愁腸愁更愁，債務也越深。我的親友們呀！這樣你可安心嗎？酒入愁腸愁更愁，債務也越喝越深，一旦債務纏身，到時想吃什麼美食都沒有，只有米酒配蘿蔔乾的份囉！

放眼四海各地每人都可稱兄道弟，交際應酬做生意套交情，南北奔波到處打拼，不怕喝酒的通通來，論喝過的酒可是有了八窟游泳池的量那麼多，碰到我這個喝不倒的也算是福氣。酒瓶高高的拿起，低低的倒入，喉嚨啊只是借過一下不留步，肚子啊就借放一下，大家在一起喝酒嘛！為了表示我的最大誠意，大家隨意我就乾杯，要知道這喝酒要領，可是要倒酒快、狠、準，喝酒不拖拉一口就下肚，不過這樣時間一久次數一多，也要得到胃潰瘍酒穿孔了，話說不這樣，又哪能配得上酒國英雄的稱號呢？趕緊要吐了又滿身臭醺醺...。還是老話一句，酒入愁腸愁更愁，債務也越喝越深，一旦債務纏身，到時想吃什麼美食都沒有，只有米酒配蘿蔔乾的份囉！

劉福助在發表這首創作〈燒酒愈飲負債愈深〉，已是六十有八的年齡，從字裡行間我們仍然看到了劉氏一貫的逗趣，在逗趣中潛移默化的更加深勸化的教義。以劉氏這樣的豐富精采人生經驗，當知酒的危害，不只傷身傷財，

〔註106〕盤 nuá：讀音「puânn nuá」。根據台日大辭典解釋為「（1）＝[打 noá]。（2）交際。」p876。

惡化下去還會危害家庭合諧。故有「勸世歌王」的劉氏，當然希望能再發揮一下影響力，力勸沉迷在酒國的英雄們，酒肉之朋不可親，如同台灣俚俗：「酒食兄弟千個有（tsiú tsiáh hiann tī tshing ê- ū），患難之時半個無（huān lān tsi sî puànn ê bô）」。

　　近年來的劉福助創作發表雖為少量，但也從不間斷，尤其現在手中正有還著手不少創作，也因為視此創作為畢生的珍物，希望有不一樣的劉福助，能為歌壇留下些許的曾經或永恆。對未來的創作一再的做修正，並花了很長的時間作計畫，以及投入大手筆的經費來製作。由於目前正在製作籌備中，低調的色彩就顯得濃厚些，但卻從不吝嗇告知筆者。

　　事實上所計畫發行的新專輯，也不能說完全沒曝光，在 2002 年（民國九十一年）應雲林縣政府縣府舉辦『懷念的歌聲──台語老歌演唱會』〔註 107〕，縣府特地邀請劉福助來到雲林縣，戲稱「老劉」的劉福助並發表為這次演出的新作〈雲林縣〉，這首歌由他親自作詞譜曲。而這首〈雲林縣〉就是現在其正籌備中，即將發行專輯的單曲之一，從這樣的軌跡來看，在未來所要發行的新專輯，對劉福助來講是有多麼的慎重與珍視，不能有一點絲毫的不完美，即使耗期冗長，就想要盡善盡美的再度留下劉氏代表經典創作。

　　在從上面的〈雲林縣〉單曲歌名來推論劉福助的未來發行專輯創作，若要沿著其一貫特色風格，一口斷定仍有劉氏的逗趣、詼諧，恐怕要跌破眼鏡了。這張計畫中的專輯，全部是地名，也就是計畫以台灣各縣市為曲名，以劉福助這數十年來，跑遍了全台灣島作秀表演，對台灣各地人文、習俗，自然是瞭如指掌，故此計畫中的專輯創作，呈現的盡是壯麗的山川、大地的生命、風景的秀緻、人文的美麗，尤其珍貴的是，劉福助將畢生所採集的舊地名，都一一付諸於歌曲內，並且在每個縣市地名給予一個娓娓動聽神會心契的指導語，這張未來發行的專輯暫名為《美麗的福爾摩沙──台灣》（見附件五，引用歌詞索引）。

　　在《美麗的福爾摩沙──台灣》中，多達二十六首單曲，而且每首皆為劉福助作詞作曲，其中開頭以美麗的福爾摩沙台灣為主題，並有其單曲，爾後再分別創作每縣市的單曲，在單曲中劉福助巧妙的加入了各地方的原有舊

〔註 107〕『懷念的歌聲──台語老歌演唱會』：雲林縣府於民國九十一年十一月十五日晚上六時三十分在虎尾農工田徑場舉辦。雲林縣政府新聞參考資料稿91.11.11。

地名，或特有的著名景點、或當地的文化習俗，唱完了每首歌也等於遊覽走透了台灣一大圈。然而在整張計畫中的專輯，除了台灣各縣市外，我們看到劉福助特別為新北市的中和區做了一首單曲，指導語為「念念少年」，由於創作時間尚未改新行政地名，故為舊稱中和市〔註108〕。足見劉福助對他所成長的地方有深深的戀情、厚厚的情誼，這是心中永遠的故鄉。

筆者在慈濟大愛網路電台有主講一個台語節目，節目名稱為「Formosa台語，明澄講義」〔註109〕，其中有一單元會介紹到台灣的台語地理童謠，每當介紹到一個縣市地點時，總很自然的將劉福助的此專輯縣市地點歌曲搭配播出。很訝異的是，與劉福助訪談後，才得知確定此專輯並未發行，也告知他此狀況，更訝異的是他並沒有反對我這樣的作法，也沒阻止我日後不要再播出，還同意我日後隨時都可播放。針對此張未發行的專輯單曲，劉福助說道：

> 完成《美麗的福爾摩沙——台灣》是我的一個理想的夢，我目前正在著手製作《美麗的福爾摩沙——台灣》，總共有一、兩百首的歌曲，最主要的是將台灣在地的歌謠，其內容包括各地風俗、人文、禮儀、全省地方的舊地名等，將它化為歌曲以傳唱，期待對下代有教育功能或文化、語言的保留功能，這項大工程耗資估計新台幣八百萬元，到目前已接近完成，已經有些朋友搶先聽過，聽了都很感動，由於經費龐大，我也曾經向新聞局和文建會申請補助，可惜政府機關總是外行人、理論主導，公文、行政流程僵化冗雜，在申請等待的過程中，我自己花錢找樂師、錄音師，砸了三百多萬元還是沒能完成，不過我會想辦法儘快實現我的夢想。〔註110〕

這樣的堅持理想的呈現，呼應了早年內心中對台語歌曲的最愛與立志，一路走來始終如一的劉福助，仍不斷在創作，目前正籌劃著《美麗的福爾摩沙——台灣》，即使已花上大把的鈔票，或耗盡不少精力，都是要完成。這樣的堅持與毅力，也是劉福助對台語歌曲的創作，永不放棄的信念表現。

「刁地」、「夷形」、「琉球」、「夷夏」，台灣，不管你曾經被歷史許下何種

〔註108〕中和市：於民國100年元台北縣升格為直轄市，改為新北市；原台北縣中和市改為新北市中和區。

〔註109〕慈濟大愛網路電台「Formosa台語，明澄講義」http://radio.newdaai.tv/newdaai_radio_wp/radio08/?cat=8。

〔註110〕見附錄二訪談內容。991115。

名稱，是如何的不雅，或不曾被深度的了解，即使是被鄙視的稱呼，不論你被賜與何種稱呼，台灣啊台灣！美麗的島嶼啊！台灣是個美麗的島嶼，沒有人能拒絕你的美麗。

在廣闊無邊的大海，先民們渡過了洶湧的黑水溝，冒著生命的危險在海上飄流著，台灣海峽的海上氣候的不穩定，加上浪高水深，風強浪又大，要渡過驚滔駭浪之下，可要有無比的勇氣與體力耐力來與大自然的無情搏鬥。經過千辛萬苦的來到台灣，卻也常碰到颱風災害，嚴重時發生山地移位或土石流，先民們可要躲避風害及水災；現在來到了台灣也無法再退回走回頭路，已是無法逃避，假若在此的未來是會艱苦無比，那就難度日了。

先民們為了開疆闢土，上山下海不辭辛勞，水深火熱的生活下，猶如人間地獄般的痛苦與艱辛，一切生活的酸澀苦辣、辛苦疾病、水土不服，都是用性命所換得而來。人在外要靠努力打拼，倘若能漸入佳境，那麼一定能三餐溫飽。

　　蕃薯〔註111〕芋仔〔註112〕客家原住（Han-tsî ôo-á kheh-ka guan-tsū）

　　生活攏總佇這（Sing uáh lóng tsóng tī tsia）

　　頭戴仝天跤踏仝地（Thâu tì kâng thinn kha tā kâng tē）

　　咱就行相倚（Lán tióh kiânn sio uá）

　　寒熱相 tshuā〔註113〕一致向外（Kuânn juáh sio tshuā it tī hiòng guā）

　　有你就有我（Ū lí tióh ū guá）

　　福爾摩沙、福爾摩沙（Formosa Formosa-）

來自唐山漢民族、客家族、落腳在台灣，不管是台灣的平埔族或高山原住民們，大家都是共同居住在這台灣島上，凡居住在台灣的人，大家都共同頭頂著同一片天，雙腳踩著同一片土地，如此的生活與共、休戚相關，大家都應該心同心手牽手，不管順境逆境大家同舟共濟，要知唇亡齒寒，應團結一致、同室操戈，共同解決困難。台灣的島民，有你就有我，大家共同生活在這裡美麗的台灣島。台灣是個美麗島嶼，美麗之島。

先民們是如此的奮鬥勤勞，即使是極度的痛苦、虎口殘生也都認命不抱

〔註111〕蕃薯：讀音「Han-tsî」。根據台日大辭典解釋為「華語 ê「地瓜」。」在此解為比喻住在台灣的道地台灣人。P.529。

〔註112〕芋仔：讀音「ôo-á」。根據台日大辭典解釋為「芋頭。」在此解為比喻其祖先從唐山落腳居住在台灣的後代。P.127。

〔註113〕相 tshuā：讀音「sio tshuā」。根據台日大辭典解釋為「相招鬥陣。」P.709。

怨，省吃儉用忍受飢寒，擦乾眼淚出生入死。到現在雖然苦仍未盡，但鄉親們大家彼此共同幫忙支援，日子仍然得要過下去，雖然得要面對無數的苦難，只要忍得過去，相信也能在此瓜熟蒂落、落地生根。

先民們千辛萬苦翻山越嶺，風吹雨打日曬雨淋，開疆闢土經過無數生關死劫，總期望能夠苦盡甘來。先民外移經過了一番的努力總能漸入佳境、安身立命，自然三餐無虞，發展順利。

祈後落土向〔註114〕好後代（Kî hiō lóh thôo ǹg hó hiō tāi）

責任較苦嘛擔（Tsit jīm khah khóo mā tann）

祈求上天國泰民安（Kî kiû siōng thian kok thài bîn an）

風調雨順（Hong tiâu ú sūn）

和合相 tshuā（Hô hap sio tshuā）

咱就快活（Lán tióh khuìnn uáh）

有你就有我（Ū lí tióh ū guá）

福爾摩沙、福爾摩沙（Formosa Formosa）

福爾摩沙（台灣）福爾摩沙（台灣）Formosa（Tâi-uân）Formosa（Tâi-uân）

福爾摩沙（Formosa~）

蒼天啊！祈求能安全在此安身立命，後代們生活無憂，假若能夠的話，這一代再辛苦，大家都願意，即使痛苦也甘之如飴。祈求老天爺賜給國家繁榮、人民平安；雨順風調無災無難，讓每天清晨太陽依舊高高掛，花兒照開、鳥兒照叫，大地依舊寧靜祥和、四季仍然循環美麗。大家共同一條心，彼此提攜成長，這樣的台灣，人民將是快樂的子民。台灣的島民，不分彼此，大家共同生活在這裡美麗的台灣島。台灣是個美麗島嶼，美麗之島。台灣，美麗島嶼！台灣，美麗島嶼！

〈美麗的福爾摩沙——台灣〉這樣莊嚴正式的一個名稱，歌詞裡面嗅不到劉福助的一如往昔的詼諧、戲謔、俏皮、逗趣的文筆，取而代之的是嚴肅、悲情、奮鬥、期待的情愫。歌詞中刻畫了先民渡海來台的重重風險，蓽路藍縷、胼手胝足開墾疆域，不畏險阻只能往前的奮勇，在缺乏物資及毫無支援下，先民們只能彼此互助合作、支援打氣，祈求平安落地更能生根繁衍，這

〔註114〕向：讀音「ǹg」。根據台日大辭典解釋為「（1）向（hiòng）。（2）希望。（3）tī 牧場看顧。」在此解為（2）。P.1038。

樣用生命換來的整個希望，就為了能讓下代有更美好的生活。居住在台灣島的每個民族們，不管你是原住民或是唐山子弟、客家後代，大家都應手牽手互相提攜，不再有過去悲情的械鬥爭吵。我們都知道保存聲音這工程實屬不易，而這張專輯《美麗的福爾摩沙——台灣》將以更嚴謹、小心翼翼、以期盡善盡美的態度來製作，更是一種不一樣的劉福助，歷史、勸世、文化，是有氣定平心、長者風範的劉福助。

劉福助一心為能在此時，多做一些保存台灣的傳統民謠，經多方的與文建會換意見及提出計畫，終於在 2011 年（民國 100 年）四月二十九日，臺灣音樂中心〔註 115〕與劉福助合作，發行以台灣民謠為內容的專輯《呦呦台灣　臺語歌謠》，此專輯考量到吸引兒童族群，故在錄音製作時也加入新北市秀峰國小合唱團，其中並慎重邀請到，臺語老牌演員梅芳〔註 116〕及歌星吳秀珠〔註 117〕做口白發音，並由十方樂集〔註 118〕編錄製作，足見到臺灣音樂中心發行此專輯的慎重及縝密。

此張專輯的內容，主軸上與過去沒多大差異，都是以傳統唸謠為主，但在曲目選擇上則有別以往，其間的差異乃在於取向不同，《呦呦台灣　臺語歌謠》的曲目唸謠，是以生活、孩童嬉戲的取向為主。例如〈觀音佛祖來保庇（目睭块沙）〉（見附件五，引用歌詞索引），以及〈觀音佛祖來保庇（目睭皮掣）〉（見附件五，引用歌詞索引）、〈觀音佛祖來保庇（落水咒）〉（見附件五，引用歌詞索引）。

　　　　目睭〔註 119〕块〔註 120〕著沙（Ba̍k-tsiu ing tio̍h sua）

〔註 115〕臺灣音樂中心：台北市杭州北路二十六號

〔註 116〕梅芳：本名廖春梅（1936 年生），因為小時候常跟著父親看梅蘭芳的平劇，因而從影後取名梅芳，在「星星知我心」飾演客家養鴨人家後才開始練就流利的客家話，成為國、台、客語三聲帶的女演員，長期在戲劇耕耘的梅芳，於民國 88 年以《天公疼好人》獲得金鐘獎最佳女配角，她的演出跨足電視、電影、廣播劇、舞台劇，堅毅的台灣婦女、媽媽形象深植人心。台灣電影筆記 http://movie.cca.gov.tw/files/16-1000-2214.php。

〔註 117〕吳秀珠：有「小野貓歌后」、在東南亞作秀時被封為「黑狗珠」。民國 64 年演唱愛情文藝片《未曾留下地址》，歷經歌星、主持人、廣告代言。http://tw.myblog.yahoo.com/jw!Y9F0fg.TSEb3TO7btobsI4I-/article?mid=61。

〔註 118〕十方樂集：10369 台北市大同區民族西路 187 巷 4 號。

〔註 119〕目睭：讀音「ba̍k-tsiu」。根據台日大辭典解釋為「眼目。」P.547。

〔註 120〕块：讀音「ing」。根據教育部閩南語常用詞典解釋為：「1. 塵土飛揚、瀰漫。例：塗沙块甲滿四界。Thôo-sua ing kah muá-sì-kè.（到處都是沙塵瀰漫。）2.

乎我歕〔註121〕著化（Hōo guá pûn tio̍h huà）

目睭公目睭婆（Ba̍k-tsiu kong Ba̍k-tsiu pô）

歕歕咧沙著無（Pûn pûn leh sua tio̍h bô）

生活中總有經驗是，眼睛被沙子跑進去了，或許嚴重或許輕微，但總要為求一切平安，尤其是對小孩子的心靈安慰與祈求。眼睛被沙子跑進去了，沒關係，只要一張嘴向著眼睛內吹進去，沙子便被吹入的風給吹走了，眼睛阿公，眼睛阿婆，放心讓人幫忙吹一吹，就不會有事，眼中的沙子將在吹功下飛離眼睛，讓眼睛不再不舒服。

這是一首大人們為小孩，處理眼睛跑進去沙子的唸謠，小孩子在玩遊戲的過程中，眼睛常常會被沙子跑進去，於是小孩子常會跑去向大人求救，這時候的大人們為了讓小孩減輕沙子跑進去眼睛的不舒服，轉移小孩的注意力，於是就會一面吹著小孩的眼睛，一面唸著此唸謠。這樣的過程除了，除了轉移小孩的注意力外，也還寄託著祈禱的心靈作用，是家家戶戶經典的唸謠之一。

而另一首童謠〈觀音佛祖來保庇（目睭皮掣）〉，也是生活中人人有過的經驗，眼皮突然來的跳動，總讓人不能心安，這種不能預知的事情，只好也請上神佛的保佑，祈求一切都能平安度過，甚至能順便能帶來些許的好事，大人們於是就會唸著童謠，已示壞事遠離，好事降臨。

目睭皮佇呯呯掣〔註122〕（Ba̍k-tsiu phuê tī phi̍h-phi̍h-tshuah）

毋知欲刣〔註123〕抑欲割〔註124〕（M̄ tsai beh thâi ia̍h beh kuah）

好事來歹事煞（hó sū lî pháinn sū suah）

塵土、沙塵附著在東西上面。例：我的目睭块著沙。Guá ê ba̍k-tsiu ing-tio̍h sua.（我的眼睛有沙子跑進去。）3. 塵土飛揚、瀰漫。例：塗沙粉仔真块。Thôo-sua-hún-á tsin ing.（沙塵很瀰漫。）」http://twblg.dict.edu.tw/holodict/index.htm

〔註121〕歕：讀音「pûn」。根據台日大辭典解釋為「（1）用嘴吹。（2）膨風。（3）宣傳。」此處解為（1）.P743。

〔註122〕呯呯掣：讀音「phi̍h-phi̍h-tshuah」。根據教育部閩南語常用詞典解釋為：「因恐懼而身體發抖。例：伊驚甲呯呯掣。I kiann kah phi̍h-phi̍h-tshuah.（他嚇得直發抖。）」。http://twblg.dict.edu.tw/holodict/index.htm。

〔註123〕刣：讀音「thâi」。根據台日大辭典解釋為：「（1）切斷。（2）殺害。（3）戰爭。（4）文字等 ê 刪除。（5）談判。」此處解為（2）。P.13。

〔註124〕割：讀音「kuah」。根據台日大辭典解釋為：「（1）用鐮刀割。（2）用 kah-ná 鐮刀 ê 細支刀切開。（3）（4）hōo 大水沖去。（5）女人使目尾。（6）貿貨，切貨。（7）拍折成。」此處解為（1）、（2）。P.428。

　　觀音佛祖來排撥（Kuan-im-pùt-tsóo lâi pâi puah）

　　隨時唸唸的隨時好（Suî sî lāim lāim--ê suî sî hó）

　　眼皮不斷的跳動著，跳到有點心驚，心中起了不祥的徵兆，不知是會發生什麼不好的事件，是否會有血光之災或諸事不順利，眼皮你這樣的跳動，如果是好事就要來到，假如是壞事情也就因你這樣的跳，就到此為此，一切不好的事情就止於此；因為有救苦救難廣大靈感的觀世音來排解，所以眼皮跳，只要唸此觀世音佛祖保佑咒，隨時唸壞事隨時解，隨時唸好事就來到。

　　生活中，從小到大每個人都會有眼皮跳的經驗，雖因每人的生活態度及意念各有不同，對跳眼皮的解讀也就各自不同。但台灣民間習俗流傳著：「左眼跳財，右眼跳災」的說法，而每人也都願意相信因眼皮跳，恐將帶來災害而心感不安，於是常以這樣的唸謠來安撫自己不安的心靈，即使是旁人如此，也能以此唸謠互相安撫不安的心理，以祈求獲得平靜的心理。

　　另一首童謠，更是展現了對小生命的愛護，深怕著自己的照顧不周，每當為小生命洗澡清潔時，嘴裡總要念著（落水咒）童謠，也提醒著自己，對小生命的脆弱，要更加注意，同樣能請出神佛能對小生命再保護，即使是簡單容易的日常清潔的洗澡。

　　一二三四（Tsit nn̄g sann sì）

　　囡仔落水無代誌（Gín-á lȯh tsuí bô-tāi-tsì）

　　好事來歹事去（hó sū lâi pháinn sū khì）

　　觀音佛祖來保庇（Kuan-im-pùt-tsóo lâi pó-pì）

　　一、二、三、四，小嬰兒要洗澡了，小嬰兒下水不會有事情，一切平安；好的事情你就來，壞的事情你就走開，小嬰兒要下水洗澡了，小小的生命是有救苦救難廣大靈感的觀世音佛祖來保祐的，所以小嬰兒下水一切平安無事。

　　台灣早期為嬰兒洗澡的安全輔助工具很少，通常就只有一只全家共用的大水盆，對嬰兒來講大水盆就顯得寬闊深廣，在為嬰兒洗澡時，也擔心著他受涼，或又擔心他下水時受到驚嚇，加上嬰兒身子軟、或手足舞蹈的亂動，為嬰兒洗澡並不是一件容易的事情，且是非常慎重得事情。而藉著唸謠唸出，也等於藉著與嬰兒說話，適時適度的給予小嬰兒安全感，也提醒母親的小心翼翼，並祈求神明也來保佑小嬰兒的安全。

　　台灣的居民心地善良，敬拜神明，凡事祈求神明來保佑一切大小事情，

連生活中的極小事件，例如目睭块沙、目睭皮掣、嬰兒落水，都會祈求觀世音佛祖的保佑。當然，在祈求的過程因心生擔憂，也提醒自己生活中處處小心，也顯現先民的幽默智慧，「目睭块沙」、「目睭皮掣」、「落水咒」，都是在不安的心理及情緒下，以趣味性的口吻唸出唸謠，放鬆了緊張的氣氛。

第六節　小　結

本章節討論了劉福助的演藝歷程，從出道前至今的劉福助，我們看到了以下的階段性發展：

從他小時後與台語歌曲的接觸開始，我們看到了一個愛聽台語歌曲的小歌迷，如何努力的排除生活上的困難，與把握機會的展現自己在演唱的才能，而後為提升自己演唱的技巧，也拜許石為師父，讓自己的演唱功力更上一層，從喜歡唱台語歌曲而築夢，到努力把握機會展現才能而夢想實現。

〈安童哥買菜〉發表成功，不只在劉福助的唱、作表現，在地的外型、鄉土的樣貌、土地的親近、民謠的傳唱，種種摒棄先前的斯文形象、美聲唱腔包裝後，成功擄獲觀眾的口味，爾後再接再厲的風格接續，成就永遠的民謠歌王。在成就的背後，有著重要的音樂夥伴，這些夥伴在當時有的是歌壇的老前輩，如葉俊麟、曾仲影等，有了前輩聲名的光環，自是得心應手，如沐春風的順遂。重要的音樂夥伴有的是純粹的音樂人，純粹的與唱片發行公司作交易買賣，發行專輯時就使用其創作，如上工、藍虹、藝昇等，未與合作夥伴有直接接觸。而重要的音樂夥伴的另一類型就是同行的好友，因為是同行，相逢相識自是有緣，在時機成熟下，彼此的合作自然水到渠成，例如呂金守、林文隆等。

劉福助一路走來，始終如一，創作風格的明顯與獨特，倍受肯定。1987年以《十憨》摘下金鼎獎，遲來的鍍金，反映著台灣在流行歌台向少重視台語歌曲者的表現。1994年以《二十四節氣上》、《二十四節氣下》再度摘下唱片演唱金鼎獎；錦上添花般的更以此專輯的單曲〈雞婆的三〇一〉，贏得金曲獎「最佳作曲人獎」。2002年再度摘下電視金鐘獎之「歌唱音樂綜藝節目主持人獎」；2003年仍不惶多讓，再度囊獲電視金鐘獎之「歌唱音樂綜藝節目主持人獎」。2004年登峰造極的再獲「本土文化貢獻金音獎」。

多產多元的劉福助，從不因年歲的添加而停止創作，在進入西元兩千年

後，仍創作出《燒酒愈飲負債愈深》、《美麗的福爾摩沙——台灣》、《呦呦台灣　台語歌謠》；其中《美麗的福爾摩沙——台灣》仍在籌備中未正式發行，但已在傳唱著。《呦呦台灣　台語歌謠》要給你不一樣的劉福助，大眾對劉福助的觀感，就是一個詼諧、樂趣、勸世、民謠的劉福助，然而已古希之年的劉福助一直保有著一顆赤子之心，行政院文建會在民國一百年將推出台語童謠系列，就請劉福助做專輯的主唱，也訂在四月二十九日下午兩點鐘召開此專輯的記者會〔註125〕。童謠由一個古稀之年的長者來唱，會是怎樣的一種效果滋味，這當中實在耐人尋味，我們且將拭目以待，期待另一個童心童語的劉福助。

劉福助，一個恰為台語語言及音樂而生，一個終身奉獻給舞台，鍾情於台語歌曲，一輩子努力於創作，終身為台灣文化努力的藝人，自稱「小劉」的劉福助，以現齡七十有一的古希高齡，仍心繫著為台語歌壇創作，其看似輕鬆、戲謔處事的外在行為，內心卻是沉穩的明白人生。在他的創作中，尤其在編曲方面，他賦予了台語語言更多的活力與旋律，因為喜愛台語、了解台語、深戀台語、並善用自己母語語言聲調特徵的旋律，將語言聲調與音樂旋律結合的相得益彰、如魚得水般的流暢，創作中自然地將實現情感真實流露。

台語是一個聲調性的語言，雖說台語有八個聲調，但若加上其他的輕聲調〔註126〕、合音〔註127〕調等等，實在是一個有極豐富精采聲調的一種語言，也得到大眾的認同，台語說一句話就在唱一首歌。這樣一種美麗的語

〔註125〕文建會於 2011 年 4 月 29 日下午兩點終於杭州北路二十六號一樓招開記者會，劉福助並邀請筆者參加。

〔註126〕輕聲：在台羅拼音以「--」符號表示該符號後的字應讀為輕聲調。台語有很多的輕聲調，有些語詞末字讀輕聲與否，則意思則會有所不同，例如：「驚死」這個語詞，若末字不讀輕聲則其讀音為「kiann-sí」，有「膽小、無膽」的意思；若末字讀輕聲則其讀音為「kiann--sí」，意則為「被嚇死、受到驚嚇」。

〔註127〕合音：在台羅拼音以「"」符號表示合音的聲調，台語在說話時有很多的合音出現，例如：「中央」這個語詞，當我們單獨念「中」與「央」時，各是第一調，其讀音為「tiong」、「iong」；若是兩字一起讀，依照台語變調原則「中央」二字讀音為「tiōng-iong」，但我們在講話時，通常很習慣的將此二字合起來讀成一個音，「tiŏng」，這個時候讀起來的這個合音聲調就會比第一調還要高，這樣的聲調就是合音調，也稱為台語的第九調。在電腦的輸入中，若有安裝教育部的台羅拼音程式，當你輸入第九調時，則在該字的聲調處出現「"」這個第九調符號。

言，劉福助總能精準的將歌詞語言的聲調與律動相互融合，或唸或唱總不失其精采度，語言是有聲調，而這種語言自然的聲調，正是傳達音樂共鳴的關鍵。台語流行歌壇賦予劉福助「民謠歌王」的稱號，劉福助運用起台語的聲調創作編曲，總是貼切到溫潤如玉、其功力爐火純青，安排聲音的跳動總適得其所。

劉福助的創作對台語這個語言，不管是在語言聲調的善用，或是韻腳押韻的靈活，以及用字遣詞的俏皮如頑童、逗趣如雞蟲外，精采的總在駿馬加鞭、一語破的言語妙天下，而非絮絮聒聒、冷言冷語、唇槍舌戰。雖被冠以「民謠歌王」唱了無數的民謠歌曲，但其創作一點都不老式老套，因其對生活的觀察靈敏度極高，故其創作是與時俱進，創作期間的時事總是適時躍然紙上，如〈雞婆三〇一〉，這樣的創作總能與大眾神會心契。

劉福助從小因為家境清寒，雖然在求學方面並沒有亮麗的學歷，但其對台語歌謠是個道地的有心人。自年輕時外出演唱作秀外，每到一個地方，他總會特別留意當地的歌謠、民俗並勤做筆記且採集，這樣的細膩、努力過程，也成為他日後融入創作的元素，生活起居、就地取材，從他的創作中就感覺熟悉，並如此的親切、平易近人，看見文化，引起共鳴。

第三章　劉福助的詼諧幽默作品

　　說到劉福助的作品，一種令人感受的最大特色就是「詼諧（khue-hâi）」，總不經意的讓人莞爾一笑，給予的感覺是發笑的、輕鬆的，話中通常具有雙關語，有所指桑罵槐之意，甚至有時是用「臭耳聾敖彎話（tshàu-hīnn-lâng gâu uan-uē）」的語言妙意來做笑點。笑點的事件有時是針對特定某人，針對欲講對象的外表特色，或者是其個人特有的行為動作，用無所負擔的話語，也不傷害他人的語詞，來做笑點創作，這種內容以〈劉福助落下咳〉為代表作品。有時也針對事件，用稍許的諷刺兼勸告的話語，最主要的是，其所用之詞都是生活上的日用語，不會讓人有高深不解的用詞，甚至「捎無寮仔門〔註1〕（Sa bô liâu-á-mńg）」的表達，所以這樣的創作特性之一，就是生活化的用詞。靜觀了解其真正受歡迎的原因，就是因為創作的用詞，使用了生活的語言，這樣的語感，一般民眾就極容易來接受、了解的！

　　在詼諧幽默中本文以三首歌曲為取材，即為〈我會驚驚〉、〈劉福助落下咳〉、〈十八拐〉。這三首取材都是劉福助當時發行專輯的主打歌歌曲，〈劉福助落下頦〉是分別於 1974 年（民國六十三年）由麗歌唱片廠出版《劉福助落下頦、堂堂二等兵》，以及 1984 年（民國七十三年），由華聲唱片出版《落下

〔註1〕捎無寮仔門 / Sa bô liâu-á-mńg：是台灣的俗諺語，其意思為找不到方向或摸不著頭緒。一般都音誤為「捎無貓仔毛」，可以很清楚知道怎會抓不著貓毛呢？之所以會有此音誤，乃是因為平埔族時代的生活，當時各社皆有寮門設立，當你要去該社找人時，都得先知應從那一個寮門進去，才能順利找到人。由於寮門在現代的生活，幾乎沒能看到，且以離時代久遠，在未探究其根源時，就以音誤為貓仔毛 niau-á-mńg，音似寮仔門 liâu-á-mńg 而誤用。

頹、十一哥仔》的主打歌曲。〈十八拐〉是 1978 年（民國六十七年），由麗歌唱片廠出版《十八拐、牽仙調》主打單曲。〈我會驚驚〉分別是 1984 年（民國七十三年），由藍天唱片發行《中國酒拳、驚驚》的主打曲，以及 2008 年（民國九十七年）由創意影音公司發行《燒酒越喝負債愈多》的單曲。

第一節　〈我會驚驚〉

　　這是一首非常有畫面的歌曲，驚驚（kiann kiann）是台語的聲音，華語的意思是害怕，劉福助將害怕遇到的事、心，用了詼諧的口吻唱出，幽默的歌詞，貼切的語境，把事情變得再也沒有害怕這回事，反倒像在說笑話一般，沒有恐懼心驚，倒是笑聲連連，詼諧幽默。在《處處都有音樂的日子》中，馬修說了：

> 「一樣東西被加個框，就變成一幅畫〔註2〕」。

　　若把劉福助這首〈我會驚驚〉（見附件五，引用歌詞索引）來欣賞，這幅畫可就是一幅趣味十足、笑意不斷、幽默人生的漫畫。歌詞中充滿了畫面，盡是讓人發笑的有趣畫面，由第一人稱做開頭，一開始就點出了主題『怕』，而且很刻意的使用華語發音，就想抓住年輕族群的心；再巧妙的加入了時髦的元素，使用淺易的外國語言，對莘莘學子言就是個奇異的吸引，在 1970 年（民國 59 年）左右的台灣，英語的教育未如現代的普遍與重視，假若有能耐能將英語吊在嘴邊可就臭屁極了，環視在當時年代的流行歌曲，是少有外來語加入歌詞的創作，更別說是台語流行歌曲，不若現代的歌曲，以此方式將外來語混搭入歌詞內的數量相較，證明劉福助是引導流行的先驅，以及掌握主流的娛樂功能，也呈現多元文化的創作功力。

　　在〈我會驚驚（Guá ē kiann kiann）〉歌曲中，可以很清楚看到歌詞的意境遠大於歌曲的美麗，這在劉福助的創作中，是極為清楚見到的一個個人創作特色。這種特色我們可以依楊克隆在《台灣流行歌曲研究》中得到共鳴點：

> 「傳統歌謠」多為「依譜填詞」，反之，「台語流行歌曲」則多是「依詞填譜」者居多；因此，「台語流行歌曲」中的「歌曲」，往往必須依據「歌詞」所表現的情感、意境來創作，才能達到詞、曲密切配合的效果。因此，「台語流行歌曲」的「歌詞」自然較「歌曲」對於

〔註2〕見《處處都有音樂的日子》馬修著／蔡逸萍譯，新路出版，2003.12.01，P.016。

「台語流行歌曲」整體風格的影響更為深遠〔註3〕。

　　讚嘆劉福助在關注生活週遭細節的觀察力，總是鉅細靡遺的觀看到精采點、細膩點、死穴點，不用懷疑、無異議的十足的「寫實主義（Realism）」的創作。然而我們也可以很清楚的將劉福助的歌詞創作列入「鄉土文學」及「寫實主義」實在是名正言順，實質所歸。在文學上他總是以寫實的技巧，貫穿濃厚的生活情趣及用語，而他創作的再現，總能引領我們進入日常生活的領域。

　　〈我會驚驚〉一首多達 348 字的歌曲，幽默的道出了「驚驚」。整首歌曲分段不明顯，一開頭以華語道出『我怕你，你怕誰？烏龜怕鐵鎚』，並以華語及英語共同的詞句接下，You『怕』me，me『怕』who。緊接著以台語的發音，老爸驚老母，辛勞驚頭家，再來一句眾所皆知的華語『蟑螂怕拖鞋』。到此可視為第一段的內容。第二大段則開始進入各種的「驚驚」，包括人類無可避免的「老」、賭博類、契兄（khè-hiann）的心態、小孩的健康、醫生、塗水師、理髮師、總鋪師等行業的無奈，以及駕駛開船等技術不良的怕。第三大段再提到胖子、司機、『卡債』、吃飯衛生條件、下屬與長官、學生、丈夫、老婆等生活上及精神上的擔憂。第四大段表現人與動物，實際上生活受到驚嚇的行為呈現，動物方面包括了豬、牛、狗、貓及老鼠，最後則以身體出現危害健康的怕做結束。〈我會驚驚〉就在分野不清的亂中，顯現詼諧幽默。

　　這首創作用到三種語言來混搭表現，一開始就先用華語來表達「『我怕你、你怕誰，烏龜怕鐵鎚』，接下來一句是英語兼華語「You『怕』me、me『怕』who」，隔兩句歌詞再用華語詞『蟑螂怕拖鞋』，再來就全用台語繼續表達，整首的創作仍然以台語為主要發聲語言。一開始用著熟識的「笑諧」，大人小孩都會吊在嘴邊的『我怕你你怕誰，烏龜怕鐵鎚』，而且一定要用華語才能來表達出「笑諧」的所在，這句話若硬換成台語來照字面表達，就失去一種口氣，無法給人完全懂得的「幽默（human）」，在這種創作的安排，也看得出劉福助對「氣口（khuì-kháu）」的重視，不會因為是台語的創作，就堅持一定用台語的發音，這種安排一方面也隨著時代的從眾、主流、流行因素。國民黨從民國 34 年執政開始，對語言的教育政策，一向就是全面性

〔註3〕見楊克隆，《台灣流行歌曲研究》1998 碩士論文，國立台灣師範大學國文系所，P.3。

的華語教育，致使著在這首創作年代的青少年，多數對華語的慣用，所以劉福助的華語發音安排，固然會吸引著一些青少年家的喜愛，加上趣味的語義，當然就受歡迎。

在第二句馬上就使用另外一種語言的安排，可看得出來劉福助的創作帶出來流行，以及語言使用的多元性，將台語歌曲融入的語言的主流——華語，且加上時髦的外來語——英語，並且是簡單、易懂、大家所熟識的外來語，就算講是一個名詞，也給予人感覺趣味十足且又流行的口氣。這首創作的外來語，就只有三個名詞，「You（你）」、「me（我）」、「who（誰）」就算講英語不怎麼內行的人，想要了解這句話是無難度的，何況又在詞句中夾用華語，也就是說在關鍵字用著日常所使用的華語，可說是趣味性十足，且無困難度的外加，如此的創作，安排著三種語言就鬧熱無比囉！

筆者認為這首創作的精彩點並不是頭二句，反而是接下來的台語詞內容，歌名叫做〈我會驚驚（guá ē kiann kiann）〉，藉著「驚（kiann）」劉福助把各種角色所碰著的困難點，就很清楚的一一來點破，在此的「驚（kiann）」並非是沒有膽量而被嚇破膽的驚。「老爸驚老母（lāu-pē kiann lāu-bú）」，針對這句話，我們可推算著劉福助的可能，是否他的老爸有「聽某喙（thiann bóo tshuì）」，也有可能他本身已經是做人老爸，也就是他本人的投射，或者是勸教男性應該對女性的尊敬，用「驚（kiann）」就入味極了，尊敬到過頭就「驚（kiann）」起來囉！

「辛勞驚頭家（sin-lô kiann thâu-ke）」，台灣的民主發展到今，勞工才有機會可以有為自己爭取權力的正常管道。早期的勞工那有人敢跟老闆嚷嚷叫囂的膽子，總是想到要賺取人家的錢財，老闆若吩咐東就不敢往西，老闆若過度向你數落，也不敢回嘴相應，就怕丟了飯碗，如同台灣俗語所講的「食人飯犯人問（Tsiah lâng pn̄g huān lâng bn̄g）。」所以做老闆的員工，大家實在害怕老闆不歡喜、不滿意自己的表現，叫自己回家吃自己，若沒挑明說白，到年底吃尾牙時，就怕桌上的雞頭向自己〔註4〕，同樣要回去吃自己，也就是

〔註4〕雞頭向自己：台灣的習俗在尾牙時，老闆要宴請員工，慰勞其一年來對公司所付出的辛勞，但所有員工中未必都能盡老闆的意，似乎也無明顯的大錯誤行為，此時老闆若不明講說要開除該員工，就會在尾牙宴請員工時，安排其坐在與雞頭相向的位置，乃暗示過完年後就不用回來工作，所以當員工的在尾牙宴上，就怕雞頭向自己。然而現代的尾牙宴已無此種的涵義，但雞肉仍是主要菜色之一，如果坐到與雞頭相向的位置，通常是拿來做消遣的玩笑話。

被炒魷魚囉！

　　『蟑螂怕拖鞋』，這句就對應著一開始的華語發音詞，『我怕你，你怕誰，烏龜怕鐵鎚』，同樣是用華語來發音的部份，表現上劉福助並沒有把這兩句連續出現，而是間隔兩句後才出現。通常我們再說這兩句話時，總是連著講出，而且是用華語發音『烏龜怕鐵鎚，蟑螂怕拖鞋』。蟑螂（台語音：ka-tsuā）當然是怕拖鞋（台語音：tshián-thua），拖鞋便宜，家中若出現蟑螂，不管是害怕或是討厭，為了能快速消滅蟑螂，拖鞋當然是打蟑螂的上好工具。下一句『烏龜怕鐵鎚』就「笑諧（tshiò-hâi）」了，在台灣特有的簽賭文化，簽「大家樂〔註5〕」時，若都沒簽中號碼，就沒能得到任何的獎金，這種情形大家就講是『摃龜（kòng-gu）』，所以就產生這句『烏龜怕鐵鎚』。

　　「人驚老（lâng kiann lāu）」，無奈的驚惶，是人都不喜歡老，無奈至今也無能來抵抗老，隨著年紀愈來愈大，人就愈老態，人只要一老態就失去英姿風發的帥氣，失去青春美麗魅力的美貌，可惜自古以來就無人不老，人人祈求仙丹妙藥，只求青春不老，卻也無人成功過，人一老不止青春不在，連身體的機能也隨之退化，所以為了能夠不老，美容界醫學界都是努力做研究，人人無能力不老，人人都怕老。

　　「侷驚包（kiáu kiann pau）」，賭博之所以迷人其就在賭運氣的刺激趣味，也是一種機率問題，就因為這種沒有固定時間，且不穩定的機率出現，使得人人對「博侷（puā-kiáu）」的喜愛甚至迷失，失去理智的深陷，對一個賭徒來講，傾家蕩產就只求一睹，這種情形就如同吸食鴉片般的中毒。台灣人真愛「玩侷（sńg-kiáu）」，在過年期間，常常看會到全家玩牌、打麻將的趣味，連平常時的夜市、路

邊，不時也能看會著「煙腸擔〔註6〕（（ian-tshiâng-tànn）」「博十八〔註7〕（puā sìt-pat）」。小賭是怡情，大賭可就傷感情。就因為愛賭的人，為著輸贏大錢，常常堵到眼睛泛紅，失去理智，若碰到存心拐騙的莊家〔註8〕，來個「創空（tshòng-khang）、創侥（tshòng-kiáu）」「博歹侥（puā-pháinn-kiáu）」，如此你就算賭技高超也難能賭贏錢財。所以對賭徒、莊家雙方而言，賭局就怕被人「博歹侥（puā-

---

〔註6〕 煙腸擔：香腸台語有說煙腸（ian-tshiâng），或煙腸（ian-tshiân），北部的人有發音為灌腸（kuàn-tshiâng），但都是指香腸的意思。有一種小攤販，多用腳踏車架上一個小箱子，箱子內可供放木碳烤香腸，並在箱子上方架起線架，供掛香腸，再備一個碗公及骰子，與客人玩「十八仔」，贏的人可免費吃到香腸，輸的人就要付費，比大小的輸贏還可雙方自由口頭約定，這種流動的營業者就稱作醃腸擔。根據1台日大字典解釋為：「煙腸為豬肉的一種食物」P72、P73。http://taigi.fhl.net/dict/search.php。根據2教育部國語會的台灣閩南語常用詞辭典試用版解釋為：香腸。用碎肉、香料等填入豬腸製成的食品。例：煙腸用烘的較好食。Ian-tshiâng iōng hang--ê khah hó tsiȧh.（香腸用烤的比較好吃。）http://twblg.dict.edu.tw/tw/index.htm

〔註7〕 博十八：工具有一個碗公及五顆骰子，玩法是一手握起五顆骰子，同時將骰子骰在碗公內，靜待骰子停住，其中需為兩顆相同數字，另外看其他三顆點數相加比大小，骰子一顆六面各有點數，從一點到六點，一顆最大點數為六點，故三顆共為十八點，若是骰到十八點則為最大贏家，台語十八在此發音為文讀音，故博十八發音為 puā sìt-pat。骰仔，台語音讀「tāu-á」，根據1台日大字典解釋為：十八「sìp-pat」。「用四粒或六粒撚豆 ê poȧh-kiáu。叫 / poȧh sìp-pat。」P.728。http://taigi.fhl.net/dict/search.php 根據2教育部國語會的台灣閩南語常用詞辭典試用版解釋為：骰子。一種遊戲或賭博用的小方塊。六面分別刻上一、二、三、四、五、六點，一、四漆紅色，其餘為黑色。例：撚骰仔音讀「lián tāu-á」（擲骰子）。http://twblg.dict.edu.tw/tw/index.htm

〔註8〕 莊家：博局時，莊家台語叫做「做莊（tsò-tsong）」，根據教育部國語會的台灣閩南語常用詞典試用煙腸擔：香腸台語有說煙腸（ian-tshiâng），或煙腸（ian-tshiân），北部的人有發音為灌腸（kuàn-tshiâng），但都是指香腸的意思。有一種小攤販，多用腳踏車架上一個小箱子，箱子內可供放木碳烤香腸，並在箱子上方架起線架，供掛香腸，再備一個碗公及骰子，與客人玩「十八仔」，贏的人可免費吃到香腸，輸的人就要付費，比大小的輸贏還可雙方自由口頭約定，這種流動的營業者就稱作醃腸擔。根據1台日大字典解釋為：「煙腸為豬肉的一種食物」P72、P73。http://taigi.fhl.net/dict/search.php。根據2教育部國語會的台灣閩南語常用詞辭典試用版解釋為：香腸。用碎肉、香料等填入豬腸製成的食品。例：煙腸用烘的較好食。Ian-tshiâng iōng hang--ê khah hó tsiȧh.（香腸用烤的比較好吃。）http://twblg.dict.edu.tw/tw/index.htm。

莊家：博局時，莊家台語叫做「做莊（tsò-tsong）」，根據教育部國語會的台灣閩南語常用詞典試用版解釋為賭博時做莊家。音讀 tsò-tsong / tsuè-tsong，又唸作 tsò-tsng / tsuè-tsng。http://twblg.dict.edu.tw/tw/index.htm。

pháinn-kiáu）」，因為是「博歹侷（puā-pháinn-kiáu）」，自然就最怕
被人發現、「掠包（liah-pau）」，若被抓到，這下可就直著走進來，
橫著躺出去了，不是給人打個半死，恐怕也難逃斷腳斷手。

「契兄〔註9〕驚抓猴」，不正常的婚姻關係，當老婆的若背著丈夫稿外
遇，有其他的男人，在發生不正常關係的性行為時，剛好被人給抓到，台語
說是「掠猴（liah-kâu）」，倘若對台語不熟識的人是摸不著頭緒，抓猴子有
何該害怕？當然不正常的婚外關係是怕人知道、看到，在以前若有這種事
情發生，男女雙方都會被人抓去「浸水籠〔註10〕（tsìm-tsuí-lang）」，是一件
極嚴重的事情，碰著這種事情，做丈夫的就會被人戲笑為「烏龜〔註11〕（oo-
kui）」若這樣可就吃大虧囉！

「人是驚鬼，鬼驚人（lâng sī kiann kuí kuí kiann lâng）」，實在是一句叫人
不要為非作歹，勸誡的成分較大。人也未曾看過鬼，人類並無與鬼一起生活，
另外一個空間的世界，也無法清楚瞭解，人那會知鬼、怕鬼？又那會知道鬼
會怕人呢！所以這句是勸誡人不要做壞事，雖然在害人時，也許沒人知道，
不過卻是天知、地知、自己知，心內就起惶恐。倘若沒有存心去害人，就算半
夜有人敲門也不會害怕，也就是所謂的『不做虧心事，半夜不怕鬼敲門。』

「囝仔驚蚯蟲〔註12〕（gín-á kiann bîn-thâng）」，在戰後早年的台灣，衛生

〔註9〕 常用詞辭典試用版解釋為情夫、姦夫。與已婚女性發生姦情的男性。契兄：
　　　台語的寫法有人用「客兄」，讀音為「khè-hiann／khuè-hiann」，根據教育部國
　　　語會的台灣閩南語 http://twblg.dict.edu.tw/tw/index.htm

〔註10〕 浸水籠：在婚姻外的外遇對象，若當場被抓到，則將這對「狗男女」一一關
　　　在用竹子編成的竹籠，空間大小剛好裝一個人的蹲彎姿勢，並將人及竹籠綑
　　　綁，防止脫逃，在眾目睽睽之下丟進水池內，這種過程就叫「浸水籠」，讀音
　　　為「tsìm-tsuí-lang」。

〔註11〕 烏龜：讀音為「oo-kui」，龜字佇這袂使讀做「ku」，此名詞在台語使用上不
　　　得隨意用，是一個極度輕蔑男性無能管治妻子的指稱，用華語來說即為「戴
　　　綠帽」。根據教育部國語會的台灣閩南語常用詞辭典試用版解釋有三：1. 妓
　　　女戶的老闆。例：伊明明是一个烏龜，閣假高尚。I bîng-bîng sī tsit ê oo-kui,
　　　koh ké ko-sióng.（他明明就是妓女戶的老闆，還要假裝清高。） 2. 對妻子
　　　外遇的男人的一種譏稱。例：個某討契兄，予伊做烏龜。In bóo thó-khè-hiann,
　　　hōo i tsò oo-kui.（他妻子討漢子，讓他戴了綠帽。）3. 稱讓妻女賣淫，而自
　　　己坐收其利者。例：彼个烏龜真正有夠袂見笑。Hit ê oo-kui tsin-tsiànn ū-kàu
　　　bē-kiàn-siàu.（那個讓妻女賣淫自己享利的人，真的很不要臉。）http://twblg.
　　　dict.edu.tw/tw/index.htm

〔註12〕 眠虫：讀音為「bîn-thâng／bûn-thâng」，而台語另一種表達此詞的說法是「糞
　　　口蟲」，台語讀音為「pùn-kháu-thâng」。根據 1 台日大字典解釋為：蜠蟲，讀

條件並不是很好，很多小孩子都有「蝒蟲（bîn-thâng）」的現象，以致於大多數的小孩子老是「瘦卑巴〔註13〕（sán-pi-pa）」、「著猴耍（tiȯh-kâu-sńg）」，「飼袂大（tshī-bē-tuā）」，而且有蝒蟲的小孩坐不住，會用手去抓屁股，若沒洗手又直接吃進食物，可就沒衛生，病情當然更加嚴重囉！筆者在讀國小〔註14〕的時候，也有經驗過學校統一將學生集體「毒蝒蟲（thāu-bîn-thang）」，大家都要在飯前吞食蝒蟲藥，這種蝒蟲藥是黃色的圓錐形，又有些稍大粒，因為是要給學生服用，所以有甜甜的口味。然而在一般的民眾則都會使用「鷓鴣菜〔註15〕（tsià-koo-tshài）」來毒蝒蟲。

「贏侥氣好驚吃飯（iânn-kiáu khuì hó kiann tsiȧh pn̄g），輸侥驚天光（su kiáu kiann thinn kng）」，這句話實在精彩無比、一針見血的寫實，把賭徒的心，對輸與贏的心態表現，毫無缺失的點出。一個賭徒在賭博時若是正順手的時候，連續一職的贏得賭局，我們可以說他「氣當好（khuì-tng-hó）」，「氣當好」的賭徒，是不堪被人來打斷賭局的進行，這時若是碰到吃飯時間，大家又同意休息片刻以進餐，此時的好手氣就會被人打斷，也有可能就此轉變氣勢而賭輸，「氣當好」的賭徒為了能繼續贏賭，自然是不要吃飯來的好囉。反過來說，賭輸的人，若輸到身無分文，一心就想能續賭看能否撈回一點本，偏偏時間過得快，就怕天要亮，因為一般賭場的散場往往也都在天亮時，賭了整晚，除了體力用盡外，也總得回去家裡，對老婆有些許交代，要不隔天也需工作賺錢，才好有本再來賭個生死。

「醫生討厭治乾嗽（I sing thó-ià tī ta-sàu），土水驚抓漏（thôo-tsuí kiann liȧh-lāu），無頭毛的驚洗頭（bô thâu moo--e kiann sé-thâu），總舖驚食晝（tsóng-phòo kiann tsiȧh-tàu）」，每一種行業都有其不喜歡碰上的情況，有時可能因

音「būn-thâng／bīn-thâng（漳）」為蝒蟲。P.725。http://taigi.fhl.net/dict/search.php。根據2教育部國語會的台灣閩南語常用詞典試用版解釋即為華語「蝒蟲」的台語說法。http://twblg.dict.edu.tw/tw/index.htm。

〔註13〕瘦卑巴：音讀「sán-pi-pa」，根據教育部國語會的台灣閩南語常用詞辭典試用版解釋即為瘦巴巴、瘦骨如柴。例：这个囡仔腹肚內有蝒蟲，才會飼甲瘦卑巴。Tsit ê gín-á pak-tóo-lāi ū bīn-thâng, tsiah ē tshī kah sán-pi-pa.（這個小孩子肚子裡有蝒蟲，才會養得瘦巴巴的。）http://twblg.dict.edu.tw/tw/index.htm。

〔註14〕筆者當時讀的國小為位於北市涼州街與延平北路交叉處的台北市永樂國民小學。

〔註15〕鷓鴣菜：音讀「tsià-koo-tshài」，根據教育部國語會的台灣閩南語常用詞辭典試用版解釋為鷓鴣菜。紅藻的一種。叢生，扁平呈葉狀，暗紫色，乾燥後，顏色變黑，以前常給小孩服食，用來驅除蝒蟲。http://twblg.dict.edu.tw/tw/index.htm。

　　為需要花相當多的時間去處理，也不一定能馬上看著效果。這種情形在醫界來講，醫生是較不喜歡醫治「乾嗽（ta-sàu）」，乾咳這種病對病人來講，不會有即刻的危險，吃了藥後，也沒能在短期間看著效果，反過來說，若是碰到了大病，吃藥、打針、甚至開刀，雖然費時，卻能是看到顯著效果，所以說「醫生驚治嗽（I sing kiann tī ta-sàu）」。若是水泥業者，就最不喜歡接著抓漏的工程，眼睛所看到的滴水處，不一定是漏水的源頭，水泥糊了這，明天可又漏了那，三五天過後可又漏到他處，實在是費精神啦！沒有處理好漏水也收不到工程款，或者是須較長期保固，實在是「食飽換枵（tsiàh pá uānn iau）」，也難怪水泥業者不喜歡做到抓漏工事。

　　下一句，筆者認為應該先安排「總舖〔註16〕驚食晝（tsóng-phòo kiann tsiàh-tàu）」才接「無頭毛的驚洗頭（bô thâu moo--e kiann sé-thâu）」，如此的安排會較有系統順序呈現，以前三項都是講著行業的擔憂，再用現象來輔證，若以如此的調換也未失押韻的口氣，而成「醫生討厭治乾咳，土水驚抓漏，總舖驚呷鬥，無頭毛的驚洗頭（I-sinn thó-ià tī ta-sàu，Thôo-tsuí kiann liàh-làu，Tsóng-phòo kiann tsiàh-tàu，Bô-thâu-moo-e kiannsé-thâu）」，筆者認為如此是較有對應，並使在字數稍作安排而成為「醫生驚治嗽，土水驚抓漏，總舖驚食晝，無毛驚洗頭」這樣的呈現應將更盡對應。在以煮食辦桌的總舖師來講，不喜歡接到吃中午的訂單，乃是因為時間從購物備物，到能準時在中午十二點開桌宴客，這中間實在無法有多餘的時間，也有可能因趕時間而致使無法照顧周全，以致弄壞名聲可就划不來。「無頭毛的驚洗頭（bô thâu moo--e kiann sé-thâu）」，這句話就不是指行業才有困擾，一般的小百姓也會因為身體的不舒適、小毛病帶來困擾，倘若是天生自然的毛髮稀疏，當然就不敢常常洗頭，就怕把頭髮愈洗愈少而變成光頭，這下可就名符其實的「無毛（bô-moo）」。

　　袂曉駛船驚溪灣（bē hiáu sái-tsûn kiann khe uan）

　　駛車亂亂漩（sái-tshia luān-luān-suan）

　　毋曾剃頭驚掠鬍（m̄-bat thì-thâu kiann liàh hôo）

〔註16〕總舖：台語讀音為「tsóng-phòo」，根據教育部國語會的台灣閩南語常用詞辭典試用版解釋指大廚師。是「總舖師」的簡稱，也有人稱做「廚子師 tôo-tsí-sai」，廚師。掌理廚房烹飪事務，並以此為職業的人。例：個阿三仔是咧做廚子的。In A-sam--á sī teh tsò tôo-tsí--ê.（他們阿三是廚師。）http://twblg.dict.edu.tw/tw/index.htm。

麵線驚沃雨（mī-suànn kiann ak-hōo）

一般人無法將事情做好時，總是怪東怪西，台灣俗語講：「家己䆀生，牽拖厝邊（Ka-kī bē sinn，khan-thua tshù-pinn）」。就像駕駛船隻的功夫不夠，以致無法平順渡船，就先埋怨起溪流細小，或嫌溪流曲度過大以致無法順利駕駛。而在陸地上的駕駛，老是不遵守規矩，隨時鑽縫，也就是比喻駕駛者往往為求快速到達，而不遵守規則或無法耐心等候，總又開始亂超車或變換車道，筆者以為劉福助在此安排此句，就顯累贅，有顯現了不規律的亂象，在怕怕中硬是夾了不相關的不怕「駛車亂亂漩（sái-tshia luān-luān-suan）」。「毋曾剃頭驚掠鬍（m̄-bat thì-thâu kiann liàh hôo）」，菜鳥剃頭師傅因為沒有豐富的經驗，往往在頭一次碰到的客人，總是特別不好處理，不是碰到難纏的客人，總難免碰到了大落腮鬍鬚，這下可就難搞了考驗這菜鳥師傅的功力。「麵線驚沃雨（mī-suànn kiann ak-hōo）」，做麵線的過程，是需要將麵線曝曬，因為麵線細絲，倘若碰到下雨來不及收拾搬進室內，這下麵線可要溼漉漉，千百細絲成一大柱，想要賣出去可欲哭無淚了囉！

「運將〔註17〕驚酒醉（ùn-tsiàng kiann tsiú-tsuì）」，在第二段的頭一句「驚」講的是「運將」的怕，「運將」因為捏著別人的性命安全，所以不能讓自己有喝醉的時候，這也是自己的職業道德。若是碰到愛喝兩杯的酒鬼運將，抱著「有酒今朝醉 （Iú tsiú kim tiau tsuì）」、「無啉傷心肝，有啉就顧山（Bô-lim siong sim-kuann，Ū-lim tióh kòo suann）」，乘客的你，可就趕緊下車才是！

「食飯驚胡蠅（tsiàh-pn̄g kiann hōo-sîn）」，講到了衛生條件，吃飯的時候當然是不喜歡有蒼蠅到處飛，不止不乾淨也不衛生，即使能將飯下肚，恐怕也會吃壞了肚子而跑廁所，跑廁所事小，若引起併發症可就得不償失了。接下來劉福助接了「下司攏嘛驚頂司（ē-si long mā kiann ting si）」，這句的驚就與頭一段的「新勞驚頭家（sin-lô kiannthâu-ke）」有著同工異曲的意思，在工作場所，職位較低的人當然是要被職位高的人所管理，是人都不喜歡被囉哩囉嗦，雞蛋裡挑骨頭，嫌東又嫌西。

〔註17〕運將：在台語是外來語的語詞，是從日語發音而來，意指駕駛車子的司機統稱，不論駕駛計程車或大巴士，只要是駕駛四輪以上的車子司機都可以稱做「運將」，讀音「ùn-tsiàng」。根據教育部國語會的台灣閩南語常用詞辭典試用版解釋為開車的人。http://twblg.dict.edu.tw/tw/index.htm

學生驚寫字（ha̍h sing kiann siá jī）

『先生』驚無錢（『先生』kiann bô tsînn）

『太太』驚無米（『太太』kiann bô bí）

存害不驚痛（tshûn hāi m̄ kiann thiànn）

存歹攏不驚（tshûn pháinn long m̄ kiann）

人驚艱苦歹生活（lâng kiann kan khóo pháinn sing ua̍h lâng kiann kan

Khóo pháinn sing ua̍h）

每一個腳色都有其所不喜歡碰到的事情狀況，假若你是學生，做學生的就特別不喜歡寫功課，可能是因為每天都必須動筆，若是有不用寫作業的機會，學生可是會高興的拍手叫好。而人生中的另一種腳色，若是為人夫婿的就怕賺不到錢，沒有錢生活就沒有成長，做夫婿的若是賺不到錢，又不能去偷去搶又無門可借貸，這下可就無助到極點，叫天天不應，叫地地不理，男人是一家之主，理當是會認真賺錢好養家。與為人夫婿相對的腳色即為人妻，早前的女性結婚後，較少會外出幫忙賺錢養家，通常是做家庭主婦，負責三餐家務，家裡的米缸若無米就就要全家餓肚皮，民以食為天，沒有豐沛的菜色，也總要有米飯可止飢，家庭主婦的腳色可別忙於清理家務，而忘了看看米缸是否空了，可別餓壞家人了。再說到了做人，可就不能存心去害人，所謂害人之心不可無，倘若一個人若存心欲加害他人，當然就不會去害怕或擔心對方的疼痛死活。同樣的若存歹念，自己也不會懂得害怕驚慌，若會有驚恐自然就不會為非作歹。只要是人，都歡喜安逸快樂，害怕過著艱難困苦的日子，若艱難困苦過頭恐將如同台灣俗諺所講：「人瘦無力，人散白賊（Lâng-sán bô li̍k，lâng-sàn pe̍h-tsha̍t）」一般。

人若著驚瑟瑟顫（lâng nā tio̍h kiann sih sih tsùn）

豬仔著驚毋食潘（ti-á tio̍h-kiann m̄ tsia̍h phun）

牛若著驚烏白撞（gû nā tio̍h kiann oo-peh lòng）

狗若著驚踭墓礦（káu nā tio̍h kiann tsing bōng-khòng）

貓仔著驚咪 mà 哭（niau-á tio̍h kiann mih-mà háu）

老鼠仔著驚車糞斗（niau-tsí-á tio̍h kiann tshia pùn táu）

在這部份所指出的「驚」是被嚇到而引起的驚恐害怕，與之前所講的「驚」有著不相同的意思。講到了人的驚嚇、動物的驚嚇，在這方面的驚嚇，若是自己曾有被驚嚇過的經驗，就了解到因為被驚嚇到，在過度的惶恐

下身體、精神所帶的反應，人若驚惶過度身體會不停顫抖，講不出話來；不止人會被驚嚇，連動物也會被驚嚇到，以豬隻言，豬隻若被驚嚇到，表現出來的現象就是無法吃食物，如此豬隻養不肥當然就賣不到好價錢；而牛是如此大隻，也會被驚嚇到，牛隻若被驚嚇到，則會無法辨別方向而亂奔跑，當然也就不會理會前面的物品而撞上去；狗就比較小隻，仍然會被驚嚇到，一旦被驚嚇到與牛一般的胡亂奔跑，狗因為會走去墳墓，看著墓窟就亂亂蹧，所以說狗仔會「舂墓壙〔註18〕（tsing bōng-khòng）」；另一種動物貓，然而貓若受到驚嚇則會喵喵叫，叫不停；最好笑的現象可就是老鼠了，老鼠是動作極敏捷快速，一旦被驚嚇到可會站不穩，就別說是跑步了，若是邊跑還會邊跌倒，足見這老鼠被嚇得有多慘。

筆者認為本段的「驚」，不應該放在這個創作上並列，雖然都有驚字，卻是性質不一樣的驚。一種是精神上的驚惶，一種是生活上的麻煩困擾，創作人劉福助的安排，在當時可能沒有注意到內容的一致性，若是單純表現趣味性，就不用雞蛋裡挑骨頭，多了一種驚就驚得齊全了。

> 敗腎驚食鹹（pāi sīn kiann tsiàh kiâm）
>
> 喉痛驚食蒜（âu thiànn kiann tsiàh hiam）
>
> 病毒驚傳染（pēnn tok kiann thuân liâm）
>
> 感冒驚攕針（Kám-mōo kiann ui tsiam）

身體的症狀給予人不舒適，小病不醫，大病可就死，台灣俗語：「細空毋補，大空叫苦（Sè-khang m̄-póo, Tuā-khang kiò-khóo）」，腎臟有毛病的人士不能吃過鹹食物，愈吃是會愈嚴重。同樣的情形，若是嚨喉疼痛就不能愛吃辣，不止不能吃辣，連甜的也不吃，不然是會愈來愈嚴重。生病是最怕給病毒傳染到，大流行的傳染是會「著瘟〔註19〕（tiòh-un）」「著災〔註20〕（tiòh-tse）」，死亡是遍地；若普通的疾病，吃藥就會好，倘若嚴重時就得家打針才會治癒

〔註18〕墓壙：讀音「bōng-khòng」根據台日大辭典解釋為「塚穴」、「墓穴」P.865。

〔註19〕著瘟：台語讀音「tiòh-un」根據台日大辭典解釋為「病疫」p311、「著人瘟」p314。

〔註20〕著災：台語讀音「tiòh-tse」，根據教育部國語會的台灣閩南語常用詞辭典試用版解釋共有 2 類：1. 雞鴨等動物感染瘟疫。例：伊飼的雞仔攏著災死了了。I tshī ê ke-á lóng tiòh-tse sí-liáu-liáu.（他養的雞都感染瘟疫死光光。）2. 受難、遭殃。例：這聲慘矣，予你害一下連我嘛著災矣。Tsit-siann tshám--ah, hōo lí hāi tsìt-ē liân guá mā tiòh-tse--ah.（這下慘了，被你害得連我都遭殃了。）http://twblg.dict.edu.tw/tw/index.htm

較快，因為打針會刺痛感，大人小孩可都不喜歡被打針。

驚食鹹（kiann tsiàh kiâm）

驚食薟（kiann tsiàh hiam）

驚傳染（kiann thuân liám）

驚摵針（kiann ui tsiam）

這是做一個結束的特殊手法，因為嚇嚇嚇不完，創作總是有做結束的時候，然而當如何做結束，各有風格，劉福助採取了將尾段的尾句押韻詞做重複，有意猶未盡感覺。

以上是筆者對〈我會驚驚〉的「驚」做分析，當然人的生活當中的「驚」不止如此，對「驚」的種類、看法、程度也人人不一樣，劉福助的〈我會驚驚〉主在描寫各行各業的罩門，除了唱唱歌以外，我們並可以在該歌曲裡學到漸漸失傳的趣味口語。根據這首的創作，我們可以很清楚看出娛樂性與趣味性是重點，當然是考慮著商業性的市場，唱片的銷售量大，比創作的內涵更重要，所以在內容的一致性、知識性、感性就少有考慮進去。純粹以笑諧為出發點，加上一、二句的流行外來用語（you、me、who），在趣味性就顯現加分，也就是因為以笑諧、趣味為起點，歌詞的呈現就不可深奧，倘若讓人無法一目了然，讓人看不懂，如同台灣俗諺：「捎無寮仔門（sa-bô liâu-á-mñg）」那就真的很難笑囉！搞不好還會真的把人給嚇死！如此可就失去歌謠的娛樂性囉！

第二節　〈劉福助落下咳〉

台灣俗諺說：「唸歌唱曲解心悶，無歌無曲袂青春。（Liām-kua tshiùnn-khik kái sim-bùn，bô-kua bô-khik bē tshing-tshun）」，從這句俗諺看法可知歌曲具有充分的娛樂功能。在現代的社會中，「流行歌曲」更以簡單、輕鬆、活潑的形式，而甚於藍的加以幽默、風趣、甚至到味的諷刺語句，直接提高了歌曲娛樂的價值。在這方面的表現，〈劉福助落下咳〉（見附件五，引用歌詞索引）以劉福助式的幽默、風趣、將娛樂價值直逼破表。

在張己任的《音樂之美》中有一段話：

當你一旦讓音樂與某一段文字或某一段故事產生關聯時，人就會隨著音樂的開展往文字方面去聯想。基本上聲音給我們的感覺是很直

接的，……如果你能夠察覺到這段音樂所帶來的「感受」，其實你就已經開始「懂」這段或這首音樂了〔註21〕。

　　從劉福助的〈劉福助落下咳〉創作中，不如說是一種用歌曲來述說故事，我們可以很直接的看見故事內容，而且是看到由很多人的串連故事，一種接力式的故事，動用如此多人而接序完成的故事，可說是打團體戰的應用，即使不夠精緻、細膩、完整，倒也五花八門、熱鬧十足、星光熠熠、目不暇給。故事中開門見山、一一道出每個人的生活小品故事，而這每個人的特色鮮明一一有所不同，有的述說個性、有的描述外表、行為，有的顯現個人才能，明星們一笑顰、一投足就令人喜愛，而讓人去喜愛的原因就是接受人性的不完美——「仰巴腳效應〔註22〕」（pratfall effect）。

　　電視上的明星總是光鮮亮麗，總顯現完美魅力、明亮無比，男的有型、有個性、又英俊；女的迷人、有魅力、又美麗，如此的明星總吸引著時下的年輕男女的喜愛，甚至將他們視為偶像。在〈劉福助落下咳〉的創作中，我們清楚見到了他擅用「仰巴腳效應」（pratfall effect）的作品。張春興在《現代心理學》中指出：

> 才能平庸者固然不會受人傾慕，而全然無缺點的人，也未必討人喜歡。最討人喜歡的人物是精明而帶有小缺點的人。為什麼在行為表現上略帶瑕疵的人反而會討人喜歡？按心理學的解釋，此種現象稱為仰巴腳效應（pratfall effect）。意指精明人不精心犯點小錯，不僅是瑕不掩瑜，反而更使人覺得他具有和別人一樣會犯錯的缺點〔註23〕。

　　作品中的偶像明星，劉福助讓一般大眾不以為然的知曉他們的不完美，也是賣點之一，足見劉福助的創作並非只是一昧的固著幽默的諷刺。作品中的明星在完美的外在下，每個人都難逃被劉福助點出小差錯、小缺點、小污點，而也不引起抱怨、指責，甚至被惡言相向，足見劉福助不止在創作的功力十足，人際關係的合諧更為他的創作帶來加分。

〔註21〕見張己任，《音樂之美》台北：時報，2003，P.027。

〔註22〕仰巴腳效應（pratfall effect）：pratfall 一字是英文中的俚語，一同北京土語「仰巴腳兒」；意指不小心跌一跤，跌了個脊背著地而四腳朝天的意思。準此而論，本詞亦可譯為出醜效應。見張春興，《現代心理學》，臺灣東華書局 2005 年 43 刷，註 14-2，P.591。

〔註23〕見張春興，《現代心理學》，臺灣東華書局 2005 年 43 刷，P.591。

　　這是劉福助另一首笑談詼諧的代表作，〈劉福助落下咳〔註 24〕〉，台語的「落下咳（làu-ē-hâi）」有著雙關語的作用，其一是，根據台北醫學大學附設醫院牙科祁力行〔註25〕醫師的解釋「落下咳」是「下巴脫臼」，如此講來「落下咳」就是一種病症才是，當身體部位的下巴處出現脫臼的時候。其二是，不相信他人所說的話，會譴責他在「落下頦（làu-ē-hâi）」；其三是，比喻某人說的話，會讓人發笑，話中或許帶有些許的不正經、戲謔的諷刺言語、是一種可以不帶責任的笑談，其用意就總讓人莞爾一笑，甚至捧腹大笑，通常被拿來「落下頦（làu-ē-hâi）」的對象，不是響叮噹的公眾人物，就是私交不錯的「麻吉」好朋友。根據〈劉福助落下咳〉的內容，是以第三種的解說來落下頦〔註26〕。

　　這首〈劉福助落下咳〉，我們即可輕易的看出劉福助在娛樂界的人際關係是「一級棒（it-tsíh-páng）」，十足的友誼相挺，熱鬧滾滾，有男生、有女生、有親兄弟、有自己，就這樣子一拖拖出了二十二人。創作中出現的人物，只有劉福助自己的小弟劉兆宏〔註27〕，未在娛樂界幕前發展，及石松〔註28〕不是歌星以外，其他都是以唱歌聞名。男生共有十二位，包括：鮑立〔註29〕、謝雷〔註30〕、夏心〔註31〕、青山〔註32〕。女生共有九位：姚蘇

〔註24〕落下咳：台語讀音「làu-ē-hâi」，根據教張帝、康弘、林松義、孫情、林文隆、石松、余天、劉兆宏育部國語會的台灣閩南語常用詞辭典試用版解釋共有 3 類：1. 下巴脫臼。2. 引申為笑話說得很精彩，讓人笑得下巴都掉了。3. 指人在撒謊。例：我聽你咧落下頦明明就是你提的，閣諍無。Guá thiann lí teh làu-ē-hâi, tsînn bîng-bîng tō sī lí thèh--ê, koh tsènn bô.（我聽你在撒謊，錢明明就是你拿的，還辯說沒有。）http://twblg.dict.edu.tw/tw/index.htm。

〔註25〕見 PC home 健康樂活.專業諮詢 http://pchome.uho.com.tw/qa.asp?aid=414。

〔註26〕落下頦：劉福助的原創用字是「落下咳」，筆者書寫時用教育部公佈的用字來書寫代表。

〔註27〕劉兆宏：劉福助的小弟。

〔註28〕石松：男藝人，以演戲為主，早期在台視以「阿公店」、「東南西北」台語連續劇當紅，後期並以主持台視「天天開心」一播十五年長紅，另主持過「金舞台」、「開心街」等節目。

〔註29〕鮑立：1971 年出版《梨山痴情花》專輯。鮑立是 1970（民國五十九年）年代著名歌手，有「青春歌王」之美譽。

〔註30〕謝雷：以〈苦酒滿杯〉走紅，改編自台語歌曲〈悲戀的酒杯〉，1967 年出版《謝雷歌唱集》。

〔註31〕夏心：以〈破碎的心〉走紅，該曲改編自西洋歌曲〈The Wayward Wind〉《破碎的心》專輯在 1967 年出版。

〔註32〕青山：本名張鐵岳，1945 五年生，以〈淚的小花〉走紅，為韓國曲並由慎芝

蓉〔註33〕、陳蘭麗〔註34〕，白嘉莉〔註35〕、劉冠霖〔註36〕、紫蘭〔註37〕、崔苔菁〔註38〕、張琪〔註39〕、張琴〔註40〕、楊小萍〔註41〕。

　　〈劉福助落下咳〉一首多達 677 字的一首歌曲，倒也難為了聽眾。這首創作可分為三大段，第一大段先「踏話頭（tảh-uē-thâu）」，說著歌曲內容可是在開玩笑的，最大的目的就在引觀眾發笑而已，毫無惡意。順便也廣告一下喜歡的觀眾請到發行公司「麗歌唱片」購買，真是一個行銷高手。第二大段則是進入該首歌曲的主要內容，多達 21 個同行歌手被拿來開玩笑，外加自己的弟弟也併入，就顯得熱鬧非凡，不分男女歌手，在當時年代都小有名氣，被觀眾喜愛受歡迎。第三大段仍是劉福助一貫的作風，拿自己當創作的素材，褒貶自己一番，在結束之前，再做一次交代，整首歌曲可是在胡亂說著開玩笑，並期待著反應良好，或許可以再來一次「落下頦（làu-ē-hâi）」。

　　〈劉福助落下咳〉顯得詼諧趣味十足，不只是歌曲內容的人物敘述，劉

<hr>

　　　　填詞，1969 由麗歌唱片廠發行該曲專輯。
〔註33〕姚蘇蓉：1967 年，以〈負心的人〉走紅，曾以〈秋水伊人〉贏得「盈淚歌后」
　　　　的美譽；前後共唱了兩百二十餘首歌，其中有八、九十首歌被當時警總禁唱，
　　　　曾是被查禁最多歌曲的歌后，「負心的人」、「今天不回家」都遭禁。
〔註34〕陳蘭麗：1974 以〈葡萄成熟時〉走紅，眼睛不大，有「瞇瞇眼」之稱。
〔註35〕白嘉莉：在台視主持「銀河旋宮」，為台灣的第一個綜藝節目。有「愛國藝人」
　　　　之稱，受邀於 2010 年國慶日於總統府前典禮中唱國歌。
〔註36〕劉冠霖：有「大酒渦歌后」稱號，目前定居加拿大。以〈月亮代表我的心〉
　　　　走紅 1973 年出版《月亮代表我的心／願你莫把我忘了》專輯。
〔註37〕紫蘭：為紫薇帶領的紫家班之一，於 1973 年唱紅了〈雨中的回憶〉，也發行
　　　　同名的專輯《雨中的回憶》。
〔註38〕崔苔菁：最早由唱西洋歌曲起家，擁有 Connie Francis 般的歌喉，被稱為「一
　　　　代妖姬」，在保守的 1960 年代以性感的穿著、動感的舞蹈、嬌滴滴的聲音風
　　　　靡全台。是台灣第一個大型外景節目「翠笛銀箏、翠堤春曉」主持人，是第
　　　　一屆金曲獎的主持人。
〔註39〕張琪：與謝雷搭檔演出，為台灣早期情侶合唱，唱紅〈傻瓜與野丫頭〉；曾獲
　　　　民國八十一年好人好事代表、八十二年金駝獎、八十八年國家公益獎、家扶
　　　　基金會終身義工等。
〔註40〕張琴：與張琪為姊妹，後來多為戲劇演出，1972 年麗歌唱片出版發行 AK-
　　　　821《春花開滿小河邊》，為其第一張專輯，之前跟姊姊張琪已經出過多張合
　　　　集。
〔註41〕楊小萍：本名楊秀華，1944 年生，彰化人，有「鼻音歌后」之稱，1967 年唱
　　　　紅〈關達拉美拉〉，續有〈夢醒不了情〉、〈對你懷念特別多〉、〈今夜雨濛濛〉、
　　　　〈月兒像檸檬〉等歌。

福助善用的混搭語言呈現也是一絕。整首歌曲以台語發音為主體，此外搭入了華語及英語入歌曲。華語方面多呈現在人名，或許是因為華語歌手，或迎合當時的習慣稱呼。例如『康弘』、『鮑立』、『提起青山』、『張帝』、『姚蘇蓉』、『陳蘭麗眼咪咪』、『白嘉莉』、『劉冠霖』、『紫蘭』、『崔苔菁』、『張琪、張琴』、『楊小萍』、『林松義』、『林文隆』『孫情』、『余天』、『劉兆宏』、『再見』等。英語方面的呈現則加入了 DO、RE、MI，SO、LA、SI，字數雖少，也加添些許趣味。

　　觀看創作中的「落下頦（làu-ē-hâi）」的內容，多數以消遣、戲謔、詼諧、風涼話來做引述、描寫，正如同台灣俗諺所說的：「無話講魁儡（Bô-uē kóng ka-lé）」。劉福助在一開始就打開天窗說了亮話，是要來告訴你「講歌星的笑話」，創作本意就是以娛樂大眾為經，內容以笑點詼諧為緯，所以也就不用太正經，過於嚴肅的呈現，加上以在娛樂界言，藝人能夠被拿來當話題，也是另一種的曝光率打廣告，能提高該藝人的知名度，所以也沒人會去與創作者斤斤計較，翻臉指責不是，甚至對簿公堂。何況創作內容以詼諧、無傷大雅、蜻蜓點水式的方式笑談，而不是真正的陰險指責，在當時的發行播出後，被提及的藝人中，也無人站出來做不舒服的反應，足見劉福助的人際公關能力實在值得學習。筆者認為假若是在這個時代，以這樣的創作，恐怕創作者會被他人告個沒完，畢竟經過二、三十年來，個人觀念自主改變不少，被人罵、被人批評，致使自己有不舒適的感受，都可以向法院來提告。

　　　聽這款的歌袂敗害（thiann tsit-khuán ē kua bē pāi-hāi）

　　　麗歌唱片袂買著緊來（Lē-koo tshiùnn-phìnn beh bé tióh kín lâi）

　　　啊著緊來（ah tióh kín lâi）

　　台灣俗諺：「賣茶講茶芳，賣花講花紅（Bē-tê kóng tê-phang，bē-hue kóng hue-âng）」，創作者善用著替自己打廣告，不止打歌兼打唱片公司廣告，真正達到「一兼二顧，摸蛤仔兼洗褲（it-kiam jī-kòo，bong-la-á kiam sé-khòo）」。根據這句話，我們自當確定，當時發行出版這張唱片的唱片公司，就是麗歌唱片〔註42〕公司。頭一個講到的藝人是「鮑立外國香港在溜（『鮑立』guā-

〔註42〕麗歌唱片：1957 年成立，出版台語、國語流行歌曲、國樂等主要產品為錄音帶及唱片。經幾展轉換手，現全名為「麗歌唱片廠股有限公司」地址：台北市文山區興隆路二段 84 號 1 樓至 4 樓電話：（02）2502-2125，（02）2932-6638 傳真：（02）2509-6442，（02）2935-6300 資本額：貳仟萬元負責人：張

kok Hiang-káng tê--liù），行路動作是真幼秀（kiânn-lōo tōng-tsoh sī tsin iù-siù）」，根據這句歌詞來看，現在的年輕人即使不認識鮑立的人，也會知道鮑立這個人在走路方面、以及平時的舉止行為，應該是斯文而不粗魯，當時的他是在香港做藝人生涯的發展。

　　謝雷恬恬是假忠厚（Siā-luî tiām-tiām sī kénn tiong-hōo）

　　伊做代誌閣無糊塗（i tsò tāi-tsì kok bô hôo-tôo）

　　人緣 thiāu 仔籽是無半擎〔註43〕（lâng ian thiāu-á-tsí sī bô puànn-khian）

　　夏心本名是叫陳洋（Hā-sim pún miâ sī Tân-iông）

　　細漢大舌擱愛啼倯（sì-hàn tuā-tsîh koh ài thî-siông）

　　根據歌詞來看，敢如此的說謝雷（Siā-luê）人是假老實忠厚，相信兩人交情就一定好到一個程度，創作者的手法也真高明，講到他人不好有缺失時，也總記著馬上轉述好聽的話，這就像台灣俗諺講的：「風颱做煞著愛回南（Hong-thai tsò suah tiỏh ài huê-lâm）」，把他人凶一凶，就得趕緊示出善意的賠禮說好話，所以講謝雷假忠厚，當然就得趕緊講他做起事情是很斟酌、細膩，不止如此，他人還長得緣投〔註44〕而且臉上還沒有半粒疣仔籽〔註45〕，臉皮更是幼麵麵〔註46〕，一臉的秀氣相、書生樣，當然就帥氣十足。講到夏心（Hā Sim），原來不是本名，因為這首歌，讓大家都知道夏心

春陽。http://business.com.tw/com/com.asp?id=2yk139q6uf43jol「麗歌唱片」旗下的「金將文化」，於民國85年成立「金將科技股份有限公司」。http://www.518.com.tw/job-comp_detail-80637.html

〔註43〕擎：讀音「khian」根據1.台日字典解釋為指「（1）木、石頭等圓形大塊ê計算話。（2）猴 gín-á。」P.294。在此形容面皰的大粒。

〔註44〕緣投：讀音「iân-tâu」，根據1.台日字典解釋為指「美男子」P72 根據2.教育部國語會的台灣閩南語常用詞辭典試用版解釋為英俊。形容男子長相好看。http://twblg.dict.edu.tw/tw/index.htm

〔註45〕thiāu 仔：一般台語也說「thiāu 仔籽」，讀音「thiāu-á」，若嚴重紅腫有膿就稱爛thiāu 仔「nuā thiāu-á」（發炎紅腫的青春痘）。根據1.台日字典解釋為指「面皰」p.241。根據2.教育部國語會的台灣閩南語常用詞辭典試用版解釋為青春痘。病名。因皮脂腺分泌多脂肪，及皮膚毛囊的角質異化使角質素、細菌，堵塞毛孔而在皮膚上產生小痘或黑頭的疾病。http://twblg.dict.edu.tw/tw/index.htm。

〔註46〕幼麵麵：讀音「iù-mī-mī」，根據1.台日字典解釋為指「皮膚幼幼 ê 款式；嬰á 等 ê 幼細款式。」p.68。根據2.教育部國語會的台灣閩南語常用詞辭典試用版解釋為細嫩。例：伊的皮膚幼麵麵。I ê phuê-hu iù-mī-mī.（她的皮膚很細嫩。）http://twblg.dict.edu.tw/tw/index.htm。

原來名叫做陳洋（Tân Iûnn），連他小時候，大舌〔註47〕閣興喋〔註48〕也無人不知了，對夏心來講真是虧大了！自然也看出來夏心與劉福助之間的必定交情匪淺。

　　『提起青山』穿插大方（『提起青山』tshīng-tshah tāi-hong）

　　印度話會通（Ìn-tōo uē ē-thong）

　　番仔話愛講（huan-á-uē ài-kóng）

　　做人無爽又閣小氣（tsò lâng bô song iū-koh sió-khì）

　　細漢愛看彼號歌仔戲（sè-hàn ài khuànn hit-lōo kua-á-hì）

　　根據歌詞觀看我們將會清楚，『青山』在外表的穿著真大方，針對此點來講，這是做藝人的一大特色，大家都極注重穿著打扮，筆者認為在較早期的藝人，注重穿著的大方、貴氣、穩重、莊嚴為主；而現代的藝人在穿著打扮的特色來講，就較重視能表現出個人色彩、藝術、創意、時尚，實在是時代的轉變。話講到回來，青山還會說印度話呢！在創作者來看是將印度語言當作是「番仔話（huan-á-uē）」，表示著對外來的印度語有輕視的心理態度，並續講青山為人不爽快又小氣，小時候最愛看的戲種是歌仔戲〔註49〕。筆者對這句話的描寫，認為是純粹「鬥句〔註50〕（tàu-kù）」，台灣人都清楚歌仔戲的演出是用台語所發音，青山是外省人，台語並非他的母語，從小不是講台語長大的人，加上當時他所唱的歌也是以國語（華語）發音，是被歸類在「國語歌手」，而他也未曾發行過台語的唱片，說要最喜歡看歌仔戲，就很免強了，於是筆者大膽說是以鬥句為主。

〔註47〕大舌：讀音「tuā-tsïh」，根據1.台日字典解釋為指「口吃（khit）。」p.430。根據2 教育部國語會的台灣閩南語常用詞辭典試用版解釋為口吃。講話結結巴巴、不清不楚。例：伊真正是大舌閣興喋。I tsin-tsiànn sī tuā-tsïh koh hìng thïh.（他明明口吃，說話不清楚，又偏偏喜歡講話。）http://twblg.dict.edu.tw/tw/index.htm。

〔註48〕喋：讀音「thïh」，根據教育部國語會的台灣閩南語常用詞辭典試用版解釋為愛說話、多言。例：大舌興喋。Tuā-tsïh hìng thïh.（口吃又愛說話。）http://twblg.dict.edu.tw/tw/index.htm。

〔註49〕歌仔戲：讀音「kua-á-hì」，根據教育部國語會的台灣閩南語常用詞辭典試用版解釋為一種民間戲曲。流行於臺、閩地區。融合了錦歌、採茶曲等民間藝術和當地的民歌、說唱。又受京戲、四平戲的影響，逐漸發展成獨立戲種。http://twblg.dict.edu.tw/tw/index.htm。

〔註50〕鬥句：讀音「tàu-kù」，根據教育部國語會的台灣閩南語常用詞辭典試用版解釋為押韻。寫作韻文時，在句末用韻母相同或相近的字。http://twblg.dict.edu.tw/tw/index.htm。

『張帝』唱歌是做編排（『張帝』tshiùnn-kua sī gâu pian-pâi）

常常唉甲欲無下頦（tiānn-tiānn ai-kah　beh bô-ē-hâi）

　　繼續講到的是『張帝』這個歌星，是個很能做現場的改歌演唱，改的是歌詞並不是曲風，在當時以這種形式做演出也很受到觀眾的歡迎。現場觀眾提出問題，『張帝』馬上以簡單通俗的曲調唱出對問題的回答，最常唱的曲調是當時的華語流行歌「蝸牛與黃麗鳥〔註51〕」，因為這種的即興、回答內容的平易性與趣味性，就被認為功力深厚，反應一流，就被當時代的娛樂界賦予封號為「急智歌王」。筆者認為若以落下頦來講，『張帝』是華語歌壇的落下頦者，可見在當時的年代，對著語言的階級分野明顯，鄙視著講台語的族群，提高著講華語族群的表意，同樣採取「落下頦」的方式做演出，華語歌手竟被封號為「急智歌王」而台語歌手則為在「落下頦」。

『康弘』二齒飆飆（『康弘』nñg-khí pio-pio）

見著小姐著真囉嗦（kìnn-tióh sió-tsiá tióh tsin loo-soo）

一個甘那親像豬哥（tsi̍t-lê kan-ná tshin-tshiūnn ti-ko）

　　再來講到『康弘』這個歌星，因為他個人的外表實在太特殊又明顯，創作者指的「二齒」就是台語的「屎桮齒〔註52〕」，也就是指門牙，『康弘』的門牙突出明顯，兩個眼睛又大又微凸，有被形容做牛眼，這樣的長相不夠帥氣斯文，所以多以諧星表演呈現，其最擅長的動作，只要安排著貌美的女性出現，他自會誇張的用又大又凸的雙眼，以及合不攏嘴的看著美女，自然就會被笑做「豬哥神〔註53〕」。

『姚蘇蓉』彼聰明憨憨（『姚蘇蓉』he tshong-bîng gōng-gōng）

〔註51〕「蝸牛與黃麗鳥」：詞，陳弘文曲，林建昌。歌詞：「阿門阿門前一棵葡萄樹，阿嫩阿嫩綠綠地剛發芽，蝸牛背著那重重的殼呀，一步一步的往上爬，阿樹阿上兩隻黃鸝鳥，阿嘻嘻哈哈在笑它，葡萄成熟還早得很哪，現在上來幹什麼，阿黃阿黃鸝鳥不要笑，等我爬上它就成熟了。」http://tw.knowledge.yahoo.com/question/question?qid=1306051909459。

〔註52〕屎桮齒：讀音「sái-pue-khí」，根據教育部國語會的台灣閩南語常用詞辭典試用版解釋為門牙。屎桮是早期沒有衛生紙的時代，用來刮屁股的竹片，以此稱呼門牙是帶有嘲笑意味的。http://twblg.dict.edu.tw/tw/index.htm。

〔註53〕豬哥神：讀音「ti-ko-sîn/tu-ko-sîn」，根據教育部國語會的台灣閩南語常用詞辭典試用版解釋為好色。形容人露出好色的樣子。例：阿國仔足豬哥神的，看著嫷查某喙瀾就直直流。A-kok—á tsiok ti-ko-sîn--ê, khuànn-tióh suí tsa-bóo tshuì-nuā tō ti̍t-ti̍t-lâu.（阿國很好色，看到漂亮的女人就猛流口水。http://twblg.dict.edu.tw/tw/index.htm。

伊在東南亞大轟動（i–tī Tang-lâm-a tuā-hong-tōng）

這首創作是以男性作為開頭，通常都認為男性較好被開玩笑，從這點就可以看出劉福助在創作上，也有細膩的心理上的順序安排。女性的藝人第一個講到的是『姚蘇蓉』，說她的聰明也憨憨，這下可又讓人不知到底『姚蘇蓉』是聰明或是憨憨？筆者認為適當的描述應該是華語『傻大姐』，應是這種較不計較的個性，所以就被先抓出來開玩笑、「拍拉涼〔註54〕（phah-la-lâng），雖然神經較大條，不過她唱歌還真有個人特色，歌聲特殊、感情激烈表達，眼淚隨著歌詞意境適時滴下來，在當時有著「盈淚歌后」之稱，這樣特殊的唱法與唱腔，很快的就受到極大的歡迎，在東南亞大紅大紫的紅回台灣。話說她在東南亞大紅大紫，我們從張夢瑞在 2000／09／24／聯合報的報導可知轉往海外駐唱實情非得已：

> 五十八年八月，姚蘇蓉應高雄金都樂府邀請到當地駐唱一個月，酬勞六萬元。當時私立大學的學費才三千元。姚蘇蓉在高雄受到歌迷熱烈歡迎，幾乎每場都有歌迷要求她唱「負心的人」。姚蘇蓉總是禮貌地向歌迷致歉，說這首歌已經遭禁，她不能違規。

> 但是，歌迷的熱情太感人，姚蘇蓉實在推不掉，終於她忍不住在八月十六日，開口大唱這首禁歌，滿屋子的觀眾齊聲叫好。想不到有人向警方告密，指姚蘇蓉在歌廳唱禁歌。八月十九日，姚蘇蓉正在舞台忘情地唱著「負心的人」，突然被前金分駐所的警察叫下台，要她到派出所做筆錄。整個歌廳一片譁然，眼睜睜地看著姚蘇蓉被帶走。結果姚蘇蓉的演唱證被沒收，最後姚只好轉往海外演唱〔註55〕。

「『陳蘭麗眼咪咪』，頭畸畸（thâu-khikhi），唱歌 DO、RE、ME（tshiùnn-kua koh DO、RE、ME），唱完閣 SO、LA、SI（tshiùnn-uân koh SO、LA、SI）」。『陳蘭麗』，另外一位女性歌星，外表也極有個人特色，一雙眼睛瞇到不行，

〔註54〕拍拉涼：讀音「phah-lâ-lâng」，根據 1. 台日字典解釋為指「閒閒 teh 笑談，講 sńg 笑。」p.574。根據 2. 教育部國語會的台灣閩南語常用詞辭典試用版解釋為閒扯、講風涼話。沒有內容的隨興閒談。例：食茶練痟話，消遣拍拉涼。Tsia̍h tê liān-siáu-uē, siau-khián phah-la-liâng.（一邊喝茶，隨興閒談做為消遣。）http://twblg.dict.edu.tw/tw/index.htm。

〔註55〕見張夢瑞報導 2000/09/24／聯合報 http://issue.udn.com/CULTURE/TAIWAN100/history003.htm。

笑起來就特別的迷人，不過她的頭並沒有「敲敲〔註56〕」，外表的個人特色辨識度是贏過她的唱歌技術，因為在這方面沒什麼其他特色，創作者只好以 DO、RE、ME、SO、LA、SI 拿來鬥句。

　　『白嘉莉』台風無底比（『白嘉莉』tâi-hong bô-tè-pí）

　　生做可愛（senn tsò khó-ài senn tsò khó-ài）

　　可惜到現在也閣無翁婿（khó-sioh kàu hiān-tsāi iau-koh bô ang-sài khó-sioh kàu hiān-tsāi iau-koh bô ang-sài）

　　講到『白嘉莉』，在當時可是以高雅氣質紅遍天，人長的高又長的美麗，特殊的高雅氣質提高她的知名度與被廣受喜愛，在主持方面的台風又特別的吸引人，所以在當時可是紅到無法被比擬、被取代的紅節目主持人，也被封號做「最美麗的節目主持人」、同時也是 1968 年（民國五十七年）台灣電視公司第一個綜藝節目「群星會」的主持人，在劉福助這首創作發行的年代，『白嘉莉』當時是尚未結婚，不過在多年後她是有結婚的，而且遠嫁到印尼，目前也居住於印尼，偶而在國慶日時會回國，2010 年（民國九十九年）的國慶日也回國且被媒體大力宣傳了她的美麗依舊，及身穿了價值不菲的大紅禮服亮相，同時主辦單位也邀請了白嘉莉和王芷蕾領唱國歌，成為國慶大典上一道美麗的風景〔註57〕。同時台北市長郝龍斌亦邀請白嘉莉擔任「臺北花博全球宣傳大使」，並且帶她參觀花博園區〔註58〕。

　　『劉冠霖』尪仔面（『劉冠霖』ang-á-bīn），

　　隨合是好鬥陣（suî-hap sī hó tàu-tīn），

　　通人攏伶呵（thong-lâng lóng lê o），

　　毋過呵咾稍寡什念是真囉嗦（m̄-koh l-ló sio-khuá　tsap-liām sī tsin loo-soo），

　　『紫蘭』做人有照步（『紫蘭』tsò-lâng ū tsiàu-pōo），

　　毋過愛哭閣愛綴路（m̄-koh ài-khàu koh ài tuè-lōo），

〔註56〕敲敲：讀音「khi-khi」，根據台日字典解釋為指「(1) khi 斜。(2)（戲）食阿片」。P258。根據 2. 教育部國語會的台灣閩南語常用詞辭典試用版解釋為傾斜。例：敲一爿：khi tsit pîng（斜一邊）。http://twblg.dict.edu.tw/tw/index.htm。

〔註57〕見民視新聞報導 2010/10/11　07：01 及中時電子報 2010/10/11　02：59 張文雅報導。

〔註58〕見 TVBS 新聞報導 2010/10/12　17：36 http://tw.news.yahoo.com/article/url/d/a/101012/8/2et9t.html。

愛哭愛哭是真慣習（ài-khàu ài-khàu sī tsin kuàn-sì），

細漢看彼號布袋戲（sè-hàn khuànn hit lōo pòo-tē-hì）。

『崔苔菁』妖嬌愛媠（『崔苔菁』iau-kiau ài-suí），

寒天走去游泳池佇玩冷水（kuânn-thinn tsáu-khì iû-íng-tî tê sńg ling-tsuí）。

劉冠霖是位女歌手，從名字來看較不易判斷為女性，有著一張娃娃臉的長相，個性隨和是個很好相處的人，大家可都是很誇讚她，只不過稍微囉唆了點，總無傷大雅。而『紫蘭』這個女歌手，在處理事情可就挺按部就班，卻也感情豐沛到眼淚可隨時流下來，又愛與大家湊熱鬧，於是一聽到誰想到哪兒去，她可是總要跟到底囉！不僅如此，劉福助還將她小時候喜歡看布袋戲告訴了觀眾。而『崔苔菁』另一位以妖艷動感聞名的女歌手，被劉福助直點出她的美麗與妖艷，可見得劉福助在說『崔苔菁』時，語多保留不敢亂用，說她在冬天玩冷水，押韻的用意取代真正的表達，這「玩冷水」其實就描寫了她在冬天時，可會跑去游泳的，這樣的描述也可看出『崔苔菁』之所以能如此動感身材一流，運動可不是挑日子更不會閃過冬天，身材要好運動是不二法門，上上之策。

『張琪、張琴』是兩姊妹（『張琪、張琴』sī nñg tsí-muē）

自細漢就赤扒扒（tsū sè-hàn tióh tshiah-pê-pê）

赤甲強欲爬上壁（tshiah-kah kiông-beh peh-tsiūnn-piah）

壁爬欲起（piah peh bē khí）

摔一下險險落嘴齒（siak-tsit-lê hiám-hiám-á lak tshuì-khí siak-tsit-lê hiám-hiám-á lak tshuì-khí）

在早期的娛樂歌唱界『張琪、張琴』是有名的姐妹檔，由於個性活潑，擅於交談，自然對話表現不俗，也較表現出是不易受人欺負的女性形象，劉福助笑稱他們兩是「赤耙耙〔註59〕（tshiah-pê-pê）」，而且是從小就是如此的個性，似乎兇到極點還能爬上牆，稍有不慎恐陰溝裡翻船，就翻個大跟斗，從牆上摔了下來，弄不好還要摔斷牙齒。筆者以為應該說是有得理不饒人的現

〔註59〕赤扒扒：讀音「tshiah-pê-pê」。根據 1.台日字典解釋為指「形容女子猛強 koh pháiⁿ 脾氣。」p.86。根據 2.教育部國語會的台灣閩南語常用詞辭典試用版解釋用字為「刺耙耙」，潑辣。形容女人兇巴巴。例：話會使好好仔講，毋免按呢刺耙耙。Uē ē-sái hó-hó-á kóng, m̄-bián án-ne tshiah-pê-pê（話可以好好講，不用這樣兇巴巴的。）http://twblg.dict.edu.tw/tw/index.htm。

象，到頭來反被指責不是。

　　『楊小萍』妖豔大方（『楊小萍』iau-iām tāi-hong）

　　英語會通講話漏風（Ing-gí ē-thong kóng-uē làu-hong）

　　伊欲揣一個老人做阿公（i beh tshuē tsit-lê lāu-lâng tsò á-kong）

　　『楊小萍』在劉福助的眼裡是個美艷的歌星，舉止大方，且會說英語，在當時年代能流利說英語的歌手也不多，楊小萍是其中之一。接著劉福助說她講話會漏風，以筆者看到的楊小萍在電視中的對談並沒有如此的現象，乃是正常的說話發音方式，唯一是較不同一般人乃是鼻音相當重，在唱歌方面帶有鼻音的唱腔就是她的個人特色了，故在創作者對她的形容應該完全以開玩笑的性質描述，再說誰會無故的要去找一個陌生老人來當自己的祖父呢？

　　『林松義』唱歌跳舞做戲真 gâu 真 gâu（『林松義』shiùnn-kua thiàu-bú tsò-hì tsin-gâu tsin-gâu）

　　毋過一個甘若親像瘦皮猴（m̄-koh tsit-lê kan-ná tshin-tshiūnn án-phuê-kâu）

　　『林文隆』古早在賣布（『林文隆』kóo-tsá tê-bē-pòo）

　　一個恂恂（tsit-lê khòo-khòo）

　　又閣肥肥（iū-koh puî-puî）

　　一箍槌槌（tsit-koo thuî-thuî）

　　『林松義』當時出道就以跳舞聞名，其舞蹈特色以爵士舞為主，是當時娛樂界少有的表演形式，故也相當受到歡迎，只是『林松義』本人確實相當瘦，事實上一個舞蹈者因為運動量大，少有身材發福者，而『林松義』是瘦到有點過分，反被戲笑成「瘦皮猴〔註60〕（sán-phuê-kâu）」。『林文隆』是「原野三重唱」成員之一，然劉福助卻只提到他，其他二位成員是兄弟關係，或是因與『林文隆』私下交情不錯，才知他未出道前是在做布匹的買賣，然而又開始開起他玩笑，說他「恂恂〔註61〕（khòo-khòo）」又說他長得肥胖，又說他

〔註60〕瘦皮猴：讀音「sán-phuê-kâu」根據1.台日字典用詞為「[瘦猴]」解釋為指「瘦抽 ê 猴，罵瘦抽 koh bái ê 人」。P.555。根據2.教育部國語會的台灣閩南語常用詞辭典試用版解釋用字為「瘦猴」釋義：戲稱人瘦得像猴子。http://twblg.dict.edu.tw/tw/index.htm。

〔註61〕激恂恂：讀音「kik-khòo-khòo」，根據1 台日字典解釋為指「無關心，不在乎。」P.287。根據2.教育部國語會的台灣閩南語常用詞辭典試用版解釋用字

長得「槌槌〔註62〕（thuî-thuî）」若非交情真得不錯，誰又肯被如此公然被放送？

　　『孫情』韓國華僑（『孫情』Hân-kok huâ-kiâu）

　　一個嬈嬈（tsit-lê hiâu-hiâu）

　　喙鬚兩撇現現（tshuì-tshiu nñg-pheh hiān-hāin）

　　一個癮癮（tsit-lê giàn-giàn）

　　接下來講到『孫情』韓國華僑，筆者以為現在的娛樂界吹起「韓風」，早在民國六〇年代，「韓風」就悄悄吹來，且默默的讓你喜愛著，『孫情』是韓國人，在歌唱界有著他備受喜歡的程度，總有著自己獨特的表情示意，個人特色式的肢體語言，加上獨特的兩撇小鬍子，就是個註冊商標，怎能不受歡迎呢？劉福助說他是「嬈嬈〔註63〕（hiâu-hiâu）」、「癮〔註64〕（giàn-giàn）」，根據台日大字典的解釋，以及教育部台灣閩南語常用詞辭典的解釋，兩者都釋義此「嬈嬈（hiâu-hiâu）」乃專為指形容女性言，然而『孫情』是男性也被冠上女性的「嬈嬈（hiâu-hiâu）」來形容，足見其舉止似乎超越了一般男性會有的動作。而「癮癮（giàn-giàn）」在台日大字典有出現此詞的記載「giàn-giàn」，而教育部台灣閩南語常用詞辭典的就無此詞的解釋，而是出現「癮頭（giàn-thâu）」，所以劉福助應該是以二疊詞的形式，而說「癮頭（giàn-thâu）」是「癮

　　為裝傻。例：你莫共我激恟恟。Lí mài kā guá kik-khòo-khòo.（你不要給我裝傻。）http://twblg.dict.edu.tw/tw/index.htm。

〔註62〕槌槌：讀音「thuî-thuî」根據教育部國語會的台灣閩南語常用詞辭典試用版解釋用字為傻頭傻腦、傻乎乎。糊塗傻氣，笨頭笨腦，什麼都不清楚的樣子。例：一箍槌槌 tsit khoo thuî-thuî（傻大個兒一個）。http://twblg.dict.edu.tw/tw/index.htm。

〔註63〕嬈嬈：讀音「hiâu-hiâu」。根據 1. 台日字典用詞為（1）（女）淫亂，淫奔。（2）做淫亂 ê tāi-chì。P.609。根據 2. 教育部國語會的台灣閩南語常用詞辭典試用版解釋為形容女性舉止輕挑、風騷。例：彼个查某真嬈。Hit ê tsa-bóo tsin hiâu.（那個女人很輕挑。）http://twblg.dict.edu.tw/tw/index.htm

〔註64〕癮癮：讀音「giàn-giàn」。根據 1.台日字典用詞為「（1）＝[癮]。（2）瘦 ê 款式。」P.347。根據 2. 教育部國語會的台灣閩南語常用詞辭典試用版解釋用字為「癮頭」1. 形容傻楞楞的樣子。例：我頭拄仔去剃頭，這馬看起來癮頭癮頭。Guá thâu-tú-á khì thì-thâu, tsit-má khuànn--khí-lâi giàn-thâu-giàn-thâu.（我剛才去理髮，現在看起來很傻氣。）2. 傻瓜。例：伊真正是一个大癮頭，我暗示伊遐久猶閣無感覺！I tsin-tsiànn sī tsit ê tuā giàn-thâu, guá àm-sī i hiah kú iáu-koh bô ám-kak!（他真的是一個大傻瓜，我暗示他那麼久還沒有感覺！）http://twblg.dict.edu.tw/tw/index.htm。

癮〔註65〕（giàn-giàn）」。

石松大箍又閣近視（Tsio̍h-siông tuā-khoo iū-koh kīn-sī），

無衛生閣毋識字（bô-uē-sing koh m̄ pat-jī）。

『余天』外表是真緣投（『余天』guā-piáu sī tsin iân-tâu），

做落腳仔上 gâu（tsò làu-kha-á siōng-gâu），

一個砍砍（tsi̍t-lê khàm-khàm）

見到查某囡仔著欲攬（kìnn-tio̍h tsa-bóo gín-á tio̍h beh lám）

民國六〇年代的電視娛樂，石松是個出色的台語劇演員，有著外表胖碩的特色，演技生動自然，總戴著厚厚的近視眼鏡，一出現就會讓人發笑，十足的搞笑諧星演員，而劉福助笑稱他既沒衛生又不識字，當然是以開玩笑性質。『余天』年輕時在歌唱界是相當有名氣，因為長得帥氣頗受觀眾喜愛，後來與女歌手李雅萍結婚，此後夫唱婦隨，到也成佳話，銀幕上總將自己塑造成懼怕老婆又愛偷視美女的丈夫，老婆一離開視線就找機會與女性相處，也就是常說的釣馬子，所以劉福助當然以此為笑點做創作，根據筆者訪談劉福助時，他本人就誇與『余天』的私交深厚，即使『余天』目前為政治人物，仍未損私交。

『劉兆宏』是阮小弟（『劉兆宏』sī gún sió-tī）

較早佇賣鹹魚（khah-tsá tê bē kiâm-hî）

鹹魚賣了了（kiâm-hî bē liáu-láiu）

即馬佇飼粉鳥（tsit-má tê tshī hún-tsiáu）

粉鳥愛比賽（hún-tsiáu ài pí-sài）

比賽贏錢提轉來（pí-sài iânn-tsînn tē-tǹg-lâi）

通好買韭菜（thang-hó bé ku-tshài）

整首「落下頦」講到此，唯一不是在螢光幕前作發展的一位，硬是把自

〔註65〕癮癮：讀音「giàn-giàn」。根據 1.台日字典用詞為「（1）＝[癮]。（2）瘦 ê 款式。」P.347。根據 2. 教育部國語會的台灣閩南語常用詞辭典試用版解釋用字為「癮頭」1. 形容傻楞楞的樣子。例：我頭拄仔去剃頭，這馬看起來癮頭癮頭。Guá thâu-tú-á khì thì-thâu, tsit-má khuànn--khí-lâi giàn-thâu-giàn-thâu.（我剛才去理髮，現在看起來很傻氣。）2. 傻瓜。例：伊真正是一个大癮頭，我暗示伊遐久猶閣無感覺！I tsin-tsiànn sī tsi̍t ê tuā giàn-thâu, guá àm-sī i hiah kú iáu-koh bô ám-kak!（他真的是一個大傻瓜，我暗示他那麼久還沒有感覺！）http://twblg.dict.edu.tw/tw/index.htm。

己的親弟弟『劉兆宏』也湊上一腳，觀眾也可一窺他的弟弟早期是在從事販賣魚類生意，在哪裡賣就未知，此創作發片時，他的弟弟已改行在養鴿子，而且是養來參加賽鴿比賽，因為賽鴿贏來的錢，他的弟弟就會用來買韭菜。筆者以為這樣的內容接句，仍不失為了鬥句，而來買韭菜。我們都知道賽鴿的獎金其實不少，而韭菜乃一般生活食用蔬菜，哪能構上高貴物品，應不需為了要吃韭菜而養鴿賽鴿奪取獎金。

> 我名叫做劉福助（guá miâ kiò tsò Lâu Hok-tsōo）
>
> 自細漢著真糊塗（tsū sè-hàn tiòh tsin hôo-tôo）
>
> 毋過我，我人材普通（m̄-koh guá，guá jîn-tsâi phóo-thong）
>
> 學問相當（hàh-būn phóo-thong）
>
> 算盤會摸（Sǹg-puânn ē bong）
>
> 稍寡悾悾（sió-khuá khong khong）
>
> 拄才著唱是好笑代（tú-tsiah tê tshiùnn sī hó-tshiò-tāi）
>
> 當做我佇落下頦（tòng-tsò guá tê làu-ē-hâi）
>
> 我著亂唱你嘛知（guá tê luān-tshiunn lí mā-tsai）
>
> 唱完『再見』後攏才閣來（tshiùnn-uân『再見』āu-pái tsiah koh lâi）

　　整首的「落下頦」是以劉福助自己為結束點，先前戲說著一堆他人好友的小缺失，自然自己也不能免除，一邊說著自己的小缺點，一邊也不忘誇著自己的優點，述說著自己從小就有些糊塗，糊塗之外外表人才也沒太差，還頗有學問的；不僅如此，還會打算盤；雖然會打算盤，還是要客氣一下，說起自己其實是有些不夠聰明呢！這樣胡亂講了一堆是是非非，飯餘茶後的閒語，終歸還是要為自己消毒一下，再度的強調自己是在「落下頦」、說笑話，一看你就知道了嘛！就別跟我斤斤計較囉！好玩的話，下次我還要繼續呢！由此點看來，劉福助可相當有生意頭腦，總為續集作伏筆，倘若這次的反應、銷售良好，即可再做續集「劉福助落下頦2」、「劉福助落下頦3」……呢！

第三節　〈十八拐〉

　　用歌曲來說故事，筆者認為這樣的高手，非劉福助莫屬了，他的創作總是充滿著故事意境，而這故事總說著你我生活週遭的事情，不帶浪漫就只有寫實，切切實實的、幽默的、莞爾一笑的道出生活中的事件，雖然生活事件

不盡美好迷人，甚至是不好的遭遇，但劉福助總有其劉福助式的幽默，悲傷的生活事件，娓娓道來仍可以是一個充滿趣味的故事，有這樣的能耐，在生活上也一定是個生活大師。而從〈十八拐〉（見附件五，引用歌詞索引）創作中就可以很清楚知道故事的原委，也有賴他的文辭敘述功力，在張己任著《音樂之美》有一段話說著：

> 文字可以把前後因果關係很明白的告訴你，它也是具有邏輯性的，它可以一步一步的把事件交代清楚、或觀念推演，推到最後的結論是什麼，歷史記載可以敘述的很清楚，但是他與繪畫一樣，同樣無法讓你在看到兩三個字以後，就立即讓人感受到某種特殊的情感〔註66〕。

而這首〈十八拐〉，明講著也就是一件感情事件，一件為了愛情被女方騙走了情騙光了財，是一則不折不扣賠了夫人又折兵的感情事件，一般講來受害者的一方，往往會唉天怨地哭訴著自己的悲情，總要來個呼天搶地般的驚動；要不也將無怨無悔的守候一段美麗的愛情，無止盡的等待狠心離去的愛人，即使內心中有著無助的無奈，為了愛情，就算要失去一切身外之物也都根深蒂固的認為是值得的。

然而，劉福助卻異於一般人的手法，不悲情也不執著，乃用著「頓悟」式的說出一段被騙情財的事件，清楚自己在事件中所扮演的腳色——第一憨，因而勇敢面對所發生的問題，反省著自己的處理態度，最後還不忘提醒的無關的他人，以自己的事件為借鏡，不讓他人有與自己同樣遭遇的提醒。如此的「理性」看待事件，並「幽默」的道出事件來龍去脈，最可貴的事也從未想要去對加害人做報復的動作，實在是一個高 EQ 的創作者。

好一首故事性的笑談詼諧，一開頭就帶入十足的葬禮情境用語，就要讓你捧腹大笑，用如此悲哀式的影射過去的自己已死，現在的自己可要好好的清醒過來，不止徹底覺醒還要用自己親身經歷來喚醒他人。歌曲中用自己現在「塗塗〔註67〕（thôo-thôo）」的現況，開始敘說出自己一段愚蠢被騙的感情，

〔註66〕見張己任，《音樂之美》，台北：時報，2003，P.40。

〔註67〕塗塗：讀音「thôo-thôo」根據 2.教育部國語會的台灣閩南語常用詞辭典試用版解釋為 1. 泥土。例：塗沙，thôo-sua（泥沙）、塗炭，thôo-thuànn（泥炭）。2. 土壤、土地。例：塗州，thôo-tsiu（黃泉）、塗空，thôo-khang（地洞）。3. 形容事情一團糟、完蛋了。例：這聲真正是塗塗塗。Tsit-siann tsin-tsiànn sī thôo-thôo-thôo.（這下子真的是一團糟了。）；塗去矣，thôo--khì--ah（完蛋了、糟

整首歌勸告大家千萬要以自己為〈十八拐〔註68〕〉看不到自己因被騙而大哭大鬧、惱羞成怒、愁眉不展、或憤世嫉俗的心態，反觀到自己因清醒後的「頓悟」，誠懇的清楚的說出故事原委，且還不忘借鏡，不要與自己有同樣的慘遇。可見得劉福助在生活上的高 EQ 處理事情。

　　歌曲的一開始，由劉福助自己說出自己的故事，是要說著「十八拐」。「拐」是利用詐術騙走他人財物，加上了「十八」是用來比喻很多的方法方式，而非指只有十八種拐騙伎倆。假若一般人碰到了存心要詐騙的人，那可會被害慘的，這種事情總是防不勝防。

　　〈十八拐〉這首歌曲分為四大段，第一大段以劉福助自己為內容主角，訴說自己的遭遇，從自己有田園二甲二大開始述說，自從遇到一個女友後，軟硬兼施的把他耍，讓他一無所有，反又被譏笑傻瓜。第二大段回述先前的富有狀況，不與女友計較，不止錢財的賦予，女友不斷的敲竹槓，包括吃住等還有其父母的一切開銷，甚至連居住的環境都還要選擇西門町，這一切的負擔可讓受害者本身起害怕。第三大段述說這個女友欺騙他是不會有好下場的，也笑說著自己的癡傻，是天下第一傻。而天下第二傻，自己也排上名，就是賺錢給女友用得精光。自己還當了天下第三傻瓜，被當作是第三者的契兒。自己懞懂無知的過程，還要被譏笑。第四大段已勸戒方式做敘述，希望大家引以為鏡，不要讓自己吃虧，更勸大家，不要用欺騙他人的手段致富。

　　故事的一開頭，述說著主角是個地主，被騙的就是地主本身，總共的田地面積有兩甲二大，以現代習慣用「坪」數來計算，則地主至少有六千多坪土地被拐騙，實在虧大囉，不禁要讚嘆是愛情的偉大，以致於可以不用去在乎人財兩空，或是拐騙的技術太高明，以致於當事者無法察覺。〈十八拐〉的故事起因就是因為女友的拐騙，導致自己一無所有，還要被人譏笑一番。

　　說起騙人感情的女友實在厲害，為了要達到騙財目的，總是對受害者軟硬兼施，掉眼淚的方式不行，一哭二鬧三上吊還不行，就來點迷人的眉開眼笑、眉目傳情、迷死人不償命，就要把對方迷得神魂顛倒、不知所措，唯唯是諾、心花怒放，只要甘心奉上錢財即可。可惜被這樣一搞下來，人生可就

　　　　糕了）。http://twblg.dict.edu.tw/tw/index.htm。

〔註68〕拐：讀音「kuái」，根據 1.台日字典用詞為「智拐騙女人或智能低 ê 人」p.441。http://taigi.fhl.net/dict/search.php。根據 2 教育部國語會的台灣閩南語常用詞辭典試用版解釋為用詐術騙走人或財物。例：拐弄，kuái-lāng（誘拐）、拐錢，kuái tsînn（騙錢）。http://twblg.dict.edu.tw/tw/index.htm。

完全失去了重心，人這一個字連站也站不穩，生活就全隨這女友搞到無法平衡，如同桌子的四支腳，長短高低各不同，當然就得「吭跤翹（khōng-kha-khiàu）」，還要被人笑呆，這就如同台灣俗諺所說的「予人賣去，閣替人算錢（Hōo lâng bē-khì，koh thè-lâng sǹg-tsînn）」。

彼个七阿〔註69〕真 gâu 哩（Hit-lê tshit-á tsin gâu lī~）

也會笑也會哭（iā-ē-tshiò koh iā-ē-khàu）

我予伊變一个吭跤翹〔註70〕（guá hōo i pìnn tsit ê khōng-kha-khiàu-）

煞予伊笑我憨憨頭唉（Suah hōo I tshiò guá gōng giàn-thâu e~）

早先與這女友相識之初，受害者可是正一切順勢、得心應手、機會好總是可賺到錢財，而女友也總在這時盡一切的力量與時機，大把大把的鈔票不斷的從受害者處搜刮一空，想到這樣的情景，可是傷心之至，被騙的物品，除去錢不要講以外，大大小小每一樣都要拿，如同台灣俗諺所講的：「目金，人傷重（ba̍k-kim，lâng siong-tīng）」、「氣死，驗無傷（khì-sí giām bô-siong）」。

再說岳父要張羅東張羅西，岳母也要吃喝拉撒，生活的大小事件樣樣齊樣樣全，甚至還要求家要住在熱鬧繁華、交通便利的西門町，這樣一家子的一切生活照顧，全就落在受害者的身上，一開始受害者是嚇得神智不清、不知所措、六神無主的隨女友所求。而女友對受害者的索求無度，如同台灣俗諺講的：「有毛的，食到粽蓑；無毛的，食到秤鉈；有跤的，食到樓梯：無跤的，食到桌櫃（Ū-môo--ê，tsia̍h kàu tsang-sui；bô-môo--ê，tsia̍h kàu tshìn-thuî；ū-kha--ê，tsia̍h kàu lâu-thui；bô-kha--ê，tsia̍h kàu toh-kuī）」。

這個壞女人，就真的壞到底，實在壞到讓人氣得頭上冒煙，怎麼就沒想過受害者對女友是多麼的好，受害者是如此的寵愛著他的女友，而這女友到頭來竟然來個翻臉不認人，如此的寡情薄義、狼心狗肺般的狠心對待受

〔註69〕七阿：讀音「tshit-á」，根據 1. 台日字典用詞為「（1）無正經；sńg 笑；笑詼，káu-koài。（2）指女朋友。」P.204。http://taigi.fhl.net/dict/search.php。根據 2. 教育部國語會的台灣閩南語常用詞辭典試用版解釋為「婛仔」：女朋友、馬子。戲謔的稱呼。http://twblg.dict.edu.tw/tw/index.htm。

〔註70〕吭跤翹：讀音「khōng-kha-khiàu」。根據 1. 台日字典用詞為（1）椅、桌等腳無在搖擺。（2）腳顛倒翹。（3）倒店。（4）（戲）死去。（5）兒童 sńg 翹翹板。P.497。http://taigi.fhl.net/dict/search.php。根據 2. 教育部國語會的台灣閩南語常用詞辭典試用版解釋為因不穩而仰面跌倒頭腳朝天。例：你若無坐好，等一下就會吭跤翹。Lí nā bô tsē hó, tán--tsi̍t-ē tō ē khōng-kha-khiàu.（你如果沒坐好，等一下就會跌個四腳朝天。）http://twblg.dict.edu.tw/tw/index.htm。

害者，以至於讓受害者一無所有，一無是處，如此的害人不淺，想必將來必會惡人有惡報，不是不報，只是時機未到！其如此的喪心病狂、喪天害理、背恩忘義、包藏禍心，想必將遺臭萬年，這女有真是個人面獸心、鮮廉寡恥的壞女人啊！她就如同台灣俗諺講的：「人婿，腹肚內底全全鬼（Lâng-suí，pak-tóo lāi-té tsuân-tsuân-kuí）」。

　　而這地主只怪自己執迷不化，冥頑不靈的笨到家，怎會如此的笨到極點？哪知他女友竟見利忘義、過河拆橋，而自己卻又不能懸崖勒馬，自然給人家有笑話可看。假若講到天下第一笨，毫無疑問的，目不見睫的自己一定名列前矛；那麼天下第二笨的呢？不用說就是辛苦賺錢後，白白送給別人用；而排名天下第三笨的，就是當別人的姘夫，替他人養老婆。

　　這地主實在是心狂意亂、醜態百出、賠了夫人又折兵、一切得不償失、無以自容，而他女友自然可樂不可支、輕輕鬆鬆的捲帶這地主所有的財物，而置之度外。可憐的地主卻只能給別人偷笑、譏笑自己的愚蠢無知、目瞪口呆的不寒而慄。

　　這受害者不惜以自己的親身慘痛的經歷、苦口婆心的來勸告大家，像受害者這樣慘遇的人實在糟糕透頂、疾首痛心、得不償失。做人哪！要懂得打拼、力爭上游才是上策，有句台灣俗諺說：「少年袂曉想，食老著毋像樣（Siàu-liân buē-hiáu siūnn，tsiah lāu tioh m̄-tsiānn-iūnn）」，做人不要貪圖他人小利，靠著自己之力不貪小失大，只要努力總不會餓到肚皮。

　　做人若遊手好閒，學做風流成性，並不會較吃香，就千萬不要用這樣的方式來生活，到頭來總會是一場空，吃飽了就別胡思亂想，想要不勞而獲總不行，只要付出勞力用血汗賺取得來的報酬，不論多少總是心安理得、心定神怡、方寸不亂。

　　這是一個現代版金光黨的事件，也是長期作戰的拐騙戰術，但筆者認為，凡事只要不貪，沒有貪念就會少掉被騙的機會，現代的金光黨多是利用人性的貪婪心態，也就是貪財愛錢的快速伎倆，短時間內就會有機會得手，而〈十八拐〉的事件，則是利用人性的「貪色迷戀」來拐騙，所謂「英雄難過美人關」、「有一个某，較贏三个天公祖（Ū tsit lê bóo，khah iânn sann lê thinn-kong-tsóo）」，經過長期的計劃與執行，當然被拐騙的金額量也就來的大，甚至無法收拾。可喜的是，能記取教訓，重新再來過，明天總會是美好的！

第四節　小　結

在本章節所討論到的是劉福助的作品特色之詼諧幽默作品，並以〈我會驚驚〉、〈劉福助落下頦〉、〈十八拐〉為例，在這些例子中，我們從歌曲中感受到，劉福助的詼諧幽默人生，從歌詞中表露無疑，三首歌曲，各自詼諧幽默，各自引領風騷，我們更看到了各自的特色：

〈我會驚驚〉：在先前的討論中，我們看到一首探討各行各業、扮演角色及日常生活的罩門，整首歌曲表現，不只列舉人的行為，還加上部份的動物驚恐，讓驚的範圍更廣泛，而用這樣驚悚的主題，表現出來的竟是讓人會心一笑的詼諧幽默。在這首歌曲，我們可看到劉福助總精準的說到各種狀況發生時，最不想遇到的事情。例如在描寫賭徒的心態時，更是將賭徒內心深處的心思瞭如指掌般的道出：「贏倖氣好驚食飯，輸倖驚天光」，這樣準確的看透脈絡，若不是親身經歷所頓悟，就是明察秋毫善於勾勒。

語言混搭使用引入創作，是這首歌曲的另一大特色。使用了華語、英語、及台語三種語言，不再是單純的台語歌曲。這樣的創作手法，總能為娛樂效果加分；另一方面也有了對商業性的考量，唱片的銷售對象不再侷限台語使用人口，也跨至到華語及英語的銷售對象。再者將生活口語帶入歌曲，又見另一個娛樂效果，「烏龜怕鐵鎚」、「蟑螂怕拖鞋」，常見的口語詞，帶入主題為驚驚的開頭述語，倒也新鮮趣味不少。

〈劉福助落下頦〉：詼諧幽默的特色一覽無疑，更加展現出劉福助的人際關係圓融、交遊廣闊。用詼諧幽默的語氣道出友人無傷大雅的小缺失，例如：康弘像豬哥、林文隆恂恂肥肥槌槌；若非私交深厚、友誼柢固，又何能安然無事？康弘與林文隆曾是節目演出的好搭盪，培養出的默契自然不用言語，而能不加計較；而林文隆看似與劉福助在節目演出沒交集，形象各不不一，何以又開起林文隆的玩笑？我們若從劉福助的專輯曲目明細（見附錄四）查看，就可看出些許端倪；原來林文隆與劉福助常一起創作，林文隆的創作曲目也不時出現在劉福助專輯中，這樣的合作關係，友誼自然匪淺。

整首歌曲的幽默詼諧，在於將舞台明星，或依其外貌特徵，用詼諧式的表現出來，例如謝雷外表安靜乃是假忠厚，但做起事來也不糊塗，人長得帥氣，臉上更沒有青春痘。或將舞台明星以個性詼諧式的寫照，例如張琪與張琴兩姐妹，兩人個性是凶巴巴的。或者將外貌以及個性皆以詼諧式的描述，例如康弘，兩隻兔子般的大門牙，看到了女孩，老是黏著談話，有如好色的

豬八戒一般。這樣的詼諧呈現，也讓觀眾倍覺幽默。

　　〈十八拐〉：自第三節的討論後，我們看到了也了解到了，人生若碰到可憐的遭遇，可以用詼諧幽默地口吻敘述出事件，用幽默了自己，從不堪的事件走出來。劉福助是個擅用詼諧幽默來說悲傷可憐故事的創作者，讓事件不再悲哀可憐，從創傷中走出來，是面對事件的勇敢表現，能對事件做反省，進而規勸他人，成為不再重蹈覆轍的借鏡，更是難能可貴。

　　整首歌曲用誇張的方式表現，一個有錢男子被女子騙光一無所有後的回述、反省，並不惜唱出自己的被騙的慘痛經驗，以勸誡大家引以為戒，更語重心長的勸戒，勿以欺騙手段謀得他人財產。整首歌曲是個悲慘的事件，卻顯得好笑趣味十足，乃在真實的描述出不堪的遭遇前後的心情，例如在被騙之後，對喜歡的女友直呼女友為「破媌（phuà-bâ）」，以及女友先前為了能騙到錢財，不惜笑臉迎人、也來哭鬧一番，讓主角毫無招架之地。娓娓述說完自己的慘痛遭遇，還不忘祝福大家事業順利。

　　劉福助的創作我們可以看到，往往把自己納入歌曲創作內容的角色，而這個腳色多半擔任詼諧、不堪的任務。另一種常見的方式，就是自己未必是歌曲內的腳色，但在結尾總不忘耳提面命的勸誡一番，或祝福一場，才做一首歌曲的結束。因為有著一貫的創作軌跡，就讓人很清楚一目了然的看到劉式創作模式。

第四章　劉福助的南腔北調作品

　　地方語言因為具有厚味的地方色彩，所以若利用當地特有的語言創作作品，除了有特色，也有當地的語音記載的功能，甚至也關係著文學、藝術的創作。再進一步來講，假若能利用地方的特殊語音、及生活用語的地方差別，通常都會引起大眾響應的精采。雄鵬在《台灣電視周刊》第三百二十九期中發表〈方言與閩南語〉中指出：

　　　　環視世界各地的文學與戲劇，莫不受所使用語言型的支配。莎士比
　　　　亞戲劇中有些對話裡的滑稽是利用那時代英語的特性。詩人羅拔·
　　　　勃恩總喜歡用蘇格蘭方言寫詩像，膾炙人口的「All Lang Syne」那
　　　　樣的詩，用英文寫，也是不會有什麼困難，但韻味就絕對不一樣。

　　　　文學家常利用方言渲染地方色彩，方言也常因傑出的方言文學而提
　　　　高其地方。方言能強調地方性的地方色彩〔註1〕。

　　足見地方腔調的獨具魅力，台灣因為語言種類的豐富，有些地方因而還保存獨有的發聲腔調，例如北部宜蘭的宜蘭腔，以及中部永靖的永靖腔，尚還有南部關廟的關廟腔。都因其特殊腔調，而各自成為其特殊的語音註冊商標。「宜蘭腔」說起話來帶著「uinn」的韻母腔調、「永靖腔」說起話來帶著「ian」的韻母腔調、「關廟腔」說起話來帶著「tsh」的聲母獨特腔。韻母、聲母各自不同、各自特殊、也各領風騷。

　　劉福助是個慣於記錄地方語音的一個創作者，自然不會放過此重大源頭，一首〈宜蘭腔〉推出後，造成轟動，也順勢讓大眾瞭解到在台灣的頂端處，有

〔註1〕見雄鵬〈方言與閩南語〉,《電視周刊》，第 329 期 59 年 1 月 27 日發行，P.14。

—115—

著一群說起話來「uinn」「uinn」不斷的宜蘭漳州腔的族群。另一首〈阿媽蹛永靖〉也同樣的精采無比，腔調越過了濁水溪，在不同的地理環境，蘊藏著另一種迷人的腔調，雖是不同的特殊腔，一樣的受人喜愛，「永靖腔」說起話來「ian」來「ian」去，煞是可愛極了。兩地不同腔，一樣可愛情，讓不是當地人不管是唱起宜蘭腔或永靖腔，猶然已神遊當地浸泡當地情；故本文將以其代表作〈宜蘭腔〉、〈阿媽蹛永靖〉來做南腔北調的論述。

第一節　〈宜蘭腔〉

我們所熟悉的宜蘭腔調，因為保留了濃厚的漳州音，因此宜蘭人說話有了濃厚的獨特語音，聽起來「氣口（khuì-kháu）」獨特，非能用一般語音來替代，那就失去了「韻味」。而當地人若在他鄉聽到自己這樣的「宜蘭腔」也會倍感親切。關於宜蘭人保留的漳州腔，洪維仁在《台灣方言之旅》宜蘭方言調查紀行記載：

> 台灣的閩南話，就全體而言是漳泉音的混合，北部偏泉，南部偏漳，
> 而東北部方言則保存濃厚的漳州腔，正如鹿港方言保存濃厚的泉州
> 腔一樣〔註2〕。

而經過洪維仁的方言調查，也整理出宜蘭人保留了百分之九十五的漳州腔：

> 經過系統的調查，發現宜蘭方言保存了百分之九十五的漳州腔，只
> 有百分之五受到北部優勢音的影響，而被泉州腔同話。

筆者將再從台灣俗諺來說明宜蘭人保存漳州腔的因素，其一，「爬過三貂嶺　無想厝个某囝（Peh kuè Sam-tiau-niá，bô siūnn tshù ê bóo-kiánn）」。三貂嶺〔註3〕為昔日入蘭的必經之地，當時山高險阻，交通極為不便，因此一旦越過了三貂嶺，進入了蘭陽平原，就無法再折回去照顧家中妻兒，而留

〔註2〕見洪維仁，《台灣方言之旅》，1994 年 10 月修訂二版第一刷，前衛出版社，
　　　　P108。

〔註3〕三貂嶺：讀音「Sam-tiau-niá」。清同治六年（西元一八六七年），臺灣鎮使者
　　　　總兵劉明燈開山撫番，路經瑞芳、頂雙溪至三貂嶺巡視噶瑪蘭，於瑞芳境內
　　　　之三貂嶺古道摩壁題詩刻於其上，漆以金字，鄉人呼之「金字碑」。原詩文如
　　　　下：「雙旌遙向淡蘭來，此日登臨眼界開；大小雞籠明積雪，高低雉堞挾奔雷；
　　　　穿雲十裏連稠隴，夾道千章蔭古槐；海上鯨鯢今息浪，勤修武備拔良才」。碑
　　　　高約二四○公分，寬一四三公分，國家三級古蹟。字體為漢篆。

在蘭陽繼續其生活。

其二，「三留二死五回頭（Sann lâu nng sí gōo huê-thâu）」漢人進入蘭陽平原墾殖初期，由於交通極為不便、環境艱險，加上颱風、水災等天災頻頻，移民必須與大自然相抗爭，一方面還要和原住民爭鬥，開發過程艱難困苦，因此漢人在「開蘭」的初期，十個移民中平均就只有三個人會留在宜蘭，其中的二人恐將犧牲生命，而剩下的五人則會折回到原居地〔註4〕。

筆者綜觀來講，宜蘭之所以能保存如此高純度的漳州音，極不方便往來的地理位置是重要因素，也是主要因素，外地人少有進出與遷徙宜蘭當地，故至今能保存較純正的原味漳州音。然筆者的另一憂慮是，宜蘭的如此高純度的漳州音，恐將隨著雪山隧道的通行，引來大量外來人口的進入，以及標榜為未被污染的好山好水的宜蘭，是否也將吸引的外地人的遷入居住，長久下來，特殊腔調的「宜蘭腔」是否即將變調走樣？針對語言文化的保存，著實隱憂。而洪維仁在《台灣方言之旅》宜蘭方言調查紀行也記載這樣的現象：

> 發現老一輩的鹿港人已經不能說純粹的泉州話，年輕人更是急速地
> 受到其他地區的影響。東北部的漳州腔，由於都市的膨脹，觀光客
> 的進出，也正急速的喪失其方言的特色〔註5〕。

筆者讚歎劉福助對語言文化保存的用心，觀看歌壇的創作者，少有為台灣本土特殊語言保存創作，而劉福助的〈宜蘭腔〉（見附件五，引用歌詞索引），筆者把它喻為「台語流行歌曲的語言教學指引」。這是唯一一首在台語流行歌壇特別用宜蘭「漳州音」獨特的韻母「uinn」作為歌曲的賣點，也就是《彙音妙悟》中的「毛」韻，唸 uinn 韻；例字如「酸」suinn[55]。這首〈宜蘭腔〉可說是宜蘭的代表，是宜蘭人的一個驕傲，卻也是宜蘭人的一個悲哀，如此宜蘭專屬的特色腔調，竟然是由一個不是宜蘭人傳唱出來的「宜蘭腔」。

宜蘭縣是全臺灣第一個開始推行本土語言的縣市，自1900（民國七十九年）起率先開發本土教育教材，堪稱是全臺灣本土語言推動的火車頭。然而可惜的是未利用當地的語音特色在台語流行歌壇來大肆宣傳，也未在各大台

〔註4〕宜蘭諺語資料由張屏生教授所提供。
〔註5〕見洪維仁，《台灣方言之旅》，1994 年 10 月修訂二版第一刷，前衛出版社，P108。

語教科書爭取課文語音的內容出版，實在是一大可惜。筆者整理出出版國民小學台語教科書的出版商計有以下：翰林版、翰林直接通用版、真平版、康軒版、巧兒版、階梯版、安可版、南一版、光復版、開拓版、明台版、仁林版、台灣文藝版等，可惜至今已倒閉的計有光復版、開拓版、明台版、仁林版、台灣文藝版，其中有的出版商尚在，然卻少見到其台語教科書部份，例如：安可版、南一版。

在眾多的台語教科書中，只有在翰林直接通用版第十一冊第一課出現以宜蘭的特殊腔調課文〈有拍算〉：

天光出門去校園（Thinn-kuinn tshut-muî khì hāu-huînn）

阮的讀冊毋曾斷（nguí ê ta̍k-tsheh m̄ bat tuīnn）

隨在你考做你問（suî-tsāi lí khó tsò lí muī）

毋驚阮會腳手軟（m̄-kiann nguí ē kha-tshiú nuí）

人講（Lâng-kóng）：「人生路途是真遠（jîn-sing lōo-tôo sī tsìn-huînn）

少年著愛有拍算（siàu-liân tio̍h ài ū phah-suinn）〔註6〕」

以及在翰林直接通用版教學指引第十一冊第一課「教學百寶箱」出現一首以宜蘭腔教學的童謠〈宜蘭腔　賴明澄〉：

宜蘭腔（khiunn）真（tsin）趣味

宜蘭李鹹甜擱酸（suinn），

山邊黃（uînn）花黃黃黃（uînn uînn uînn）

大風吹來門（muînn）愛關（kuinn）

緊來食飯（pūinn）配魯卵（nūi）

溫泉青菜攏袂黃（uînn）

食落嘛袂跤手軟（nùi）

宜蘭真（tsin）是好地理〔註7〕

相對的，少見有與相同遠見態度的台語教科書出版商，以做為保存語音文化功能，以及發揚地方特色的語音創作，劉福助對宜蘭地區的獨特語音的保存與宣傳、發揚的功能，實在功不可沒。這首〈宜蘭腔〉有兩種版本，

〔註6〕〈有拍算〉：見翰林出版事業有限公司，台語直接通用版課本第十一冊，第一課，該版本音標以通用因標系統呈現，改為台羅拼音系統。P.5。

〔註7〕〈宜蘭腔〉：見翰林出版事業有限公司，台語直接通用版教學指引第十一冊，第一課，該版本音標以通用因標系統呈現，改為台羅拼音系統。P.13。

其一為聲音版的〈宜蘭腔〉，也就是唱片版及 CD 版本；其二為影音版的〈宜蘭腔〉，也就是豬哥亮歌廳秀版本。兩者的內容差別在歌詞所指的對象，但主軸全是以宜蘭腔的特色為主要歌詞內容，歌詞乃是以唱片版內容為呈現。

阮厝裡攏姓黃（nguí tshù--lih long sìnn uînn）

我名叫阿糖（guá miâ kiò a-thuînn）

自早踮佇宜蘭後竹圍（tsū tsá tuā-tī Gî-lân āu-tik-uî）

阮查某人姓阮（nguí tsa-bóo lâng sénn nuí）

正名叫阿軟（Tsiànn-miânn kiò A-nuí）

『娘家』踮佇桃仔園〔註8〕縣（『娘家』tiàm-tī thô-á-huînn kuînn）

　　一開始即告訴觀眾，這是一家居住於宜蘭後竹圍處姓黃的家庭，主角名字叫做阿糖，黃糖有個老婆姓阮，她的娘家就住在現在的桃園縣。簡單的開場白，刀槍直入的破題，以下就是劉福助以這一家人的生活瑣事，所創作出的一首宜蘭腔調的流行歌曲。

阮阿爸食飯配滷蛋（nguí a-pah tsiảh-puīnn phuè lóo-nuī）

滷大腸鹹菜湯（Lóo tuā-tuînn kiâm-tshài-thuînn）

參卵仁炒小捲（Tsham nng-jîn tshá sió-kuínn）

　　每個人有不同的吃飯習慣，歌曲中黃糖的爸爸在吃飯的時候，總是配用滷蛋來用餐。不只這道菜，還有著大腸煮鹹菜湯，此外炒小捲總與蛋黃一起拌炒。這樣的三道菜，容易下飯營養也夠豐盛。一般人看到這樣的飯菜，想必也迫不及待的吃個三碗公吧！

阿母好料捧去園（A-bú hó-liāu phâng khì kuînn）

食清飯〔註9〕攏無燉〔註10〕（Tsiảh tshìn-puīnn long bô thuīnn）

也無燙〔註11〕（Iảh bô thuìnn），食光光（Tsiảh kuīnn kuīnn）

我無叫阿公來食飯（guá bô kiò a-kong lâi tsiảh-puīnn）

〔註8〕桃仔園：讀音「thô-á-huînn」。桃園縣位於台灣西北部，與臺北縣、新竹縣、宜蘭縣相鄰。早期因遍植桃樹命名為「桃仔園」。

〔註9〕清飯：讀音「tshìn-pīng」。根據台日大辭典詞解為「冷飯」P.227 漳州音讀音為「tshìn-puînn」http://taigi.fhl.net/dict/search.php。

〔註10〕燉：讀音「thīng」。台語大部分地區讀為「thīng」，此字漳州音讀為「thuînn」，意思是把煮過的東西加溫。根據台日大辭典詞解為「汁湯 koh 再煮」。P.392 http://taigi.fhl.net/dict/search.php。

〔註11〕燙：讀音「thìng」。意思是把東西在熱湯中加熱。此字漳州音讀為「thuìnn」。

伊煞受氣張〔註12〕欲轉（I suah suīnn-khì tiunn beh tuínn）

　阿媽趕緊去甲勸（A-má kuánn-kín khì kah khuìnn）

　　歌曲中接著表現出為人母的節儉成性，與疼惜家人的一顆心，在吃飯的習慣表露無遺，總把美味的食物留下來給家人食用。黃糖的母親總把如此好吃的菜色收拾起來，而逕自將隔餐的剩飯，也不用蒸熱、也不燙溫，就這樣的草草的把飯給吃完。可是同在吃飯的時間，黃糖並未去請祖父來共進餐食，而祖父也因此而感到生氣不已，竟然就想回去。祖母一見狀也就趕緊出來勸說，好歹一家人，總不用為了孫子沒來叫吃飯而生氣。

　了後阿公心落軟〔註13〕（Liáu āu A-kong sim lỏh nuí）

　阿公面橫橫〔註14〕（A-kong bīn huînn-huînn）

　阿媽大展威（A-má tuā tián-ui）

　　這樣的折騰了一番，久久勸說之後，祖父終究態度也由硬而軟化了，只是一張臉，又是氣到面部表情極不愉悅，煞是兇狠。於是祖母又大大的數落了祖父一番，這樣一來，祖父還是回到原來的不悅。

　欲出門無食飯（Beh tshut muî bô tsiảh-puīnn）

　路這遠（Lōo tsiah huīnn），無打算（Bô phah-suìnn）

　著過田中央（tioh kuè tshân tiong-uinn）

　也閣菝仔園〔註15〕（Iah koh pảt-á-huînn）

　一庄過一庄（Tsit ts uinn kuè tsit tsuinn）

　艱苦無人問（Kan-khóo bô-lâng-muīnn）

　　接下來歌曲表現出祖父在極為不悅下的反應行為。話說祖父一臉不高興，假若任性的跑出去，又正是吃飯時間，要出了門也沒吃到飯，路途又遙遠，一點都不懂的盤算一下。祖父回到家的路途可是要經過稻田中央，然後還要跨走一個蕃石榴果園，不僅如此，祖父若要到達家前，可要經過好幾個

〔註12〕張：讀音「tiunn」。根據台日大辭典詞解為「（1）（姓）。（2）置，安裝。（3）準備。（4）任性，乖癖。（5）紙、車、眠床、鋤頭等 ê 助數詞。」P.272。此處意思為做一個姿態要人來勸解。也是第（4）任性，乖癖。http://taigi.fhl.net/dict/search.php

〔註13〕落軟：讀音「lỏh-nuí」。根據台日大辭典詞解為「無 koh 堅持強硬 ê 主張。」P.1029。

〔註14〕橫橫：讀音「huînn-huînn」。根據台日大辭典詞解為「（1）兇惡。」P.699。

〔註15〕菝仔園：讀音「pảt-á-hñg」。漳州音讀為「pảt-á- huînn」，番石榴果園或稱芭樂果園。

村莊，若是一個人氣沖沖的跑回去，這路途中的辛苦可有誰會關心過問呢？

　　　　阿公姓方（A-kong sènn puinn）

　　　　彼 leh 會撇手袖〔註16〕腳蹄蹬〔註17〕（Hit leh ē pih tshiú uínn kha tê tuìnn）

　　　　公仔心頭真酸（Kong-á sim-thâu tsín suinn）

　　歌曲到此介紹到祖父的姓氏與個性。黃糖的祖父姓方，生氣的樣子可是會捲起袖子，吹鬍子瞪眼睛的，還加上跺腳呢！老夫老妻總是彼此了解個性，祖父在一聽完祖母的一番話，想想也是，心中可泛起一股股的心酸。

　　　　柑仔黃黃（Kam-á huînn-huînn）

　　　　桔仔酸酸（Kiat-á suinn-suinn）

　　　　紅柿軟軟（Âng-khī nuí-nuí）

　　　　食飽欲來轉（Tsiáh-pá beh lâi-tuínn）

　　歌曲的結尾融入宜蘭的名產，金桔與橘子。描述著宜蘭此時的橘子是黃橙橙的，而金桔是酸溜溜，柿子是軟綿綿的，吃飽飯足可就要回家囉。金桔是宜蘭的名產之一，在好山好水好地理種下的金桔，未必是酸溜溜，相反的受到很多人的青睞，甚至指定要吃宜蘭的金桔。而根據當地種植金桔農人表示，購買者或是到果園採買的客人，若要買甜又好吃的金桔，一定要選擇面向日曬的山坡採食購買，才是一流的宜蘭名產金桔〔註18〕。

　　〈宜蘭腔〉純粹一首以獨特腔調為內容的創作，創作詞中利用了簡單的家庭用餐狀況，為了能充分顯現腔調的字眼用詞，內容的過程鋪成也牽就了字音。所以歌詞中的「阿公、阿媽」是指黃糖的外祖父及外祖母，話說家中有客人，又是母親的父母，而黃糖也長大且娶妻，竟然能在用餐時間，母親把豐富好吃的菜色收拾起來，而已娶妻的外孫黃糖也已年長，卻不知要請外祖父出來用餐進食，以至於讓外祖父心中忿忿不平，鬧著要回家去，這樣的情景，實在是說不過去。但我們理解了劉福助此創作的最大作用，就在於善用宜蘭獨特的腔調，取悅了消費者，也別樹一番風格。

　　若問宜蘭人有何特色？今有兩個人站在面前，如何指認其一是宜蘭人

〔註16〕撇手袖：讀音「pih tshiú ńg」。漳州音讀為「pih tshiú uínn」，意思為捲起袖子。

〔註17〕腳蹄蹬：讀音「kha tê tǹg」。漳州音讀為「kha tê tuìnn」，意思為生氣時跺腳的樣子。

〔註18〕宜蘭居民吳水同提供。

呢？若純粹以人的外表來做指認誰是宜蘭人，確實是難以回答甚至無法作答，但若請兩人開口說話，可就一目了然，顯而易見，所以我們可以很清楚的知道，〈宜蘭腔〉就是宜蘭人祖先所烙印的標誌。筆者與劉福助同樣般的，站在保留語言文化的角度上，高聲呼籲宜蘭人請一定好好保有高純度漳州音的〈宜蘭腔〉。

第二節　〈阿媽蹛永靖〉

　　這是在台灣中部彰化縣永靖〔註19〕鄉當地人說話的獨特腔調，這種的獨特腔調，如同宜蘭的特有腔調一樣，就是地方的特色之一，換句話講永靖人說話的特殊腔調，如同其專利商標一般，一開口便知是永靖當地人的腔調，特有的永靖腔調，主要是將有韻母「ing」說成「ian」韻母，獨特的永靖腔是屬於閩南語漳州音系，不止如此，當地人在日常生活，說話的口語句尾也還帶有一個上揚音「ue」語助詞，所以外地人在聽當地人說話時，實在趣味十足。而有趣、聞名的永靖腔童謠，任你不是當地人，也都知道「永靖枝仔冰，冷冷硬硬冰冰（Ian-tsiān ki-á-pian，lián-lián tiān-tiān pian-pian）」。以下是同樣以永靖腔調為主的童謠〈蹛永靖、賣醃腸　賴明澄〉：

　　　　我的阿公蹛永靖（Guá ê a-kong tuà Ián-tsiān）

　　　　熱天路口賣枝仔冰（Juàh-thinn lōo-kháu bē ki-á-pian）

　　　　枝仔冰硬硬冷冷冰冰（Ki-á- pian tiān-tiān lián-lián pian-pian）

　　　　咬一喙勝過吹冷氣（Kā tsit-tshuì siàn kuè tshue lián-khì）

　　　　我的阿媽蹛永靖（Guá ê a-má tuà Ián-tsiān）

　　　　寒天門口賣醃腸（Kuânn-thinn mñg-kháu bē ian-tshiân）

　　　　醃腸長長腫腫弓弓（Ian-tshiân tñg-tñg tsián-tsián kian-kian）

　　　　食一喙你袂吐大氣〔註20〕（Tsiàh tsit-tshuì lí bē thóo-tuā-khuì）

　　劉福助每到一個地方，總有習慣紀錄台灣各地語音腔調，這也是他的一

〔註19〕永靖：台語讀音「Ian- tsiān」。清領時期，永靖在行政區域上屬於武西堡。1813年（清嘉慶十八年），廣東省潮州府的墾民於此地建立街市。日治初期，永靖大部份歸屬關帝廳區；永靖西區歸屬羅厝區或海豐崙區。1920年，重新劃分區域為台中州員林郡『永靖庄』，永靖的行政區就此定型下來。1945年，改為台中縣員林區『永靖鄉』。1950年，改為彰化縣永靖鄉至今。永靖鄉公所歷史沿革 http://www.yungchin.gov.tw/page-39.html。

〔註20〕見賴明澄閩語認證研習講義，三重區重陽國小，20110712。

種興趣，這樣的習慣與興趣，也成為他創作的元素。永靖這樣獨特的腔調，怎可能棄之，而不放入他的創作；終於在 2011（民國一百年）將永靖的特有腔調，再度呈現於他的新專輯創作中《呦呦台灣　臺語歌謠》中〈阿媽蹛永靖〔註21〕（A-má tuā Ian- tsiān）〉（見附件五，引用歌詞索引），且一韻到底的創作童謠，自然樂趣十足，唱起不同腔調的童謠想必別有一番韻味。

　　〈阿媽蹛永靖〉分為兩大段，外加一段口白。第一大段描述祖父與祖母分別居住不同地方。接著敘述父親的工作是從事賣冰，且生意還相當的不錯，收入頗豐富；然而雖未點出是賣冰棒或賣冰塊，也讓讀者多了個想像的空間。接著話鋒一轉，講到家中牆上的掛鐘，並未描述正確的時間點，卻轉敘母親的睡姿習慣，竟然是睡覺可以不用翻身，到也添加不可思議的樂趣。第二大段描述母親的睡覺過程，與被蚊子叮咬後的心態，清楚明白生氣也無事於補，倒不如平日就注重衛生，養成好習慣也對身體健康較好。歌曲的最後以一段口白作結束，口白敘述著回憶當年的不堪，做生意的過程並非沒有賺頭，而是因為不懂得守成，也沒有做好儲蓄，更沒有做事情的態度，種種原因導致今天的悲哀。

　　　　我的阿媽蹛王宮（Guá ê a-má tuā Ông-kiān）

　　　　阿公蹛永靖（A-kong tuā Ian- tsiān）

　　　　阿爸佇賣冰（A-pa tī bē pian）

　　　　一日幾若千（Tsi̍t ji̍t kú lo̍h tsian）

　　　　阮兜半壁掛時鐘（Gún tau puānn piah kuā sî tsian）

　　　　阿母佇睏無翻爿（A-bú tī khùn bô pián piân）

　　歌曲的一開始即點出了地點，從祖母與祖父分別居住不同地點，道出歌曲的內容。話說祖母家住在彰化縣鹿港的王宮處，祖父住在永靖鄉，父親沒經營什麼大生意，是在永靖當地賣冰棒。永靖的冰棒是有名氣的，這裏的製冰廠遠近馳名，來這裡的外地人，若沒吃到此地的冰棒，可是會遺憾的！所以父親賣冰的生意非常好，一天的進帳可以有好幾千元。話說到家中環境呢！家中的其中一片牆壁必較特別，在那片牆壁的半高處上，有掛著一個大大的時鐘。說到母親的習性，她在睡覺可好玩了，靜靜研究她的睡姿，她只要一平躺下去睡覺，總可以入睡到醒過來時，這中間她竟然是可以不用翻身、翻邊換姿勢睡覺的，這樣的睡功，想必沒多少人可以與她相比。

〔註21〕阿媽蹛永靖：原發行歌名為〈阿孃住永靖〉。

昨暝去予蠓仔叮（Tsâng-mê khì hōo bang-á tiàn）

叮甲一炦〔註22〕腫腫腫（Tián kah tsit phok tsián tsián tsián）

實在真僥倖〔註23〕啊（Sit tsāi tsin hiau hiān（ah））

實在真不明（Sit tsāi tsin put biân）

阿母心袂清（A-bú sim bē tshian）

氣嘛無路用〔註24〕（khì mā bô lōo-iān）

咱兜平時著愛顧衛生（Lán tau piân-sî tiòh ài kòo uī-sian），

講究衛生才會較康健（Káng kiù uī-sian tsiah ē khah khong kiān）

　　接著歌曲中描述著母親睡覺時，與被蚊子叮咬的過程，以及無奈的心態。母親昨天晚上睡覺的時候，沒做好防蚊措施，一覺醒來，看到身體竟然給蚊子叮到，這蚊子可真毒，把母親叮得又紅、又腫、又癢、又極不舒服，這蚊子如此狠毒，在母親也想不通、不透、不徹下，這樣一來，母親的一顆心一點都無法輕鬆起來，就是不悅，然而若要生氣，想必也毫無用處。

　　歌曲藉著母親被蚊子叮咬，而轉入了環境教育。住家平常就要講究衛生，總要勤於打掃、勤清潔，屋裡屋外、牆角牆邊，處處都要打掃乾淨，住的環境不要骯髒，沒有蚊蟲也減少傳染疾病來源，屋內外若有積水容器，也要注意記得倒乾淨，這樣就沒有蚊蟲繁衍滋生的環境，睡覺時自然也就會避免被蚊子叮咬，而難受不已；居住環境整潔了，講求衛生條件，身體自然就會健康起來。

想以前真可憐（siūnn í tsiân tsin khó-liân）

有趁守無成〔註25〕（ū thàn siú bô siân）

越想心越凝〔註26〕（jú siūnn sim jú giân）

天頂烏一爿（thinn-tíng oo tsit piân）

〔註22〕炦：台語讀音「phok」。根據台日大辭典詞解為「（1）脹圓起來。（2）脹起來ê物件」P.902。

〔註23〕僥倖：台語讀音「hiau-hīng」。根據台日大辭典詞解為「（1）tú好運。（2）婦人抱怨ê話。（3）（婦人ê話）做pháiⁿ tāi-chì。」P.610。

〔註24〕無路用：台語讀音「bô-lō-īng」。根據台日大辭典詞解為「無益處，無幫贊。」P.861。

〔註25〕「有趁守無成（ū thàn siú bô siân）」，有的翻譯者為「有趁守無錢（ū thàn siú bô siân）」。

〔註26〕凝：台語讀音「gîng」。根據台日大辭典詞解為「（1）結晶，變tēng。（2）（血行等）停頓。（3）受氣tī腹肚內。（4）注目看。」P.348。

銀行寄固定（gîn-hâng　kià kòo-tiān）

若欲好額有可能（nā beh hó-giáh ū khó liân）

頭興興尾冷冷（thâu-hiàn-hiàn bué lián-lián）

僥倖失德孤毛絕種〔註27〕（hiau-hiān sit-tik koo-moo tsuát-tsián）

　　歌曲的結尾，以口白方式道出不堪的過往。口白內容為：想起過去的從前就滿腹辛酸、不知不覺可憐了起來，過去的時光中，正年輕努力打拼的歲月中，做起事業生意也曾有賺頭，且有利潤，可惜到頭來卻沒有守住曾有的錢財。經過多年來，每每想起此事件過程，心中就不免揪了起來，越想就越不值得、越後悔、越沉重，從此人生就是黑白的，抬頭望天，天空也暗了一大半。倘若當初懂得思考能悟透，倒也能明瞭，將當初所賺到的錢財存放在銀行，即使每期生到小小、少少的利息，但總是積少成多、積沙成塔、積水成河，這樣子也能富有才是。做起事來要是沒五分鐘熱度、沒耐性，撐不到最後，自然是走冤枉之路，總難以有成功；不止如此，更恐將孤單到老沒人理睬，甚至無子嗣可傳後。

　　此首童謠以永靖當地獨有的腔調，自成獨特風格，趣味十足，整首童謠一韻到底，念起來「ian」聲不斷，倒也好玩逗趣。除了在歌詞以當地的獨特腔調唱出，連口白部份的詮釋，也特別以當地腔調呈現，如此的一連貫整體性的表現，除了趣味性十足，更加保留了當地語音腔調的親切性，更重要的藉著唸謠傳唱，日後保留當地的語音，等同保存了當地的語言文化。

第三節　小　結

　　本章節在探討台灣有比較明顯獨特的語音地方腔，這裏我們列舉了台灣的兩個地方的腔調，一個是宜蘭腔，另一個是永靖腔。顯然宜蘭腔是眾所皆知的一個獨特的地方腔，這與劉福助的〈宜蘭腔〉傳唱有極大的關係，筆者自小認識宜蘭地區的腔調，也是以此歌曲為入門。透過媒體傳播的力量，即使對宜蘭腔沒有深度的了解的人，在聽過劉福助的〈宜蘭腔〉歌曲，也會了解到宜蘭人說起話來「uinn」「uinn」不絕於耳。

　　說起「關廟腔」比「宜蘭腔」、「永靖腔」讓人感覺更加特殊的原因，乃在

〔註27〕孤毛絕種：台語讀音「koo-môo-tsĕh-tsíng」。根據教育部閩南語常用辭典解為「咒罵人絕子絕孫、孤老無依。」http://twblg.dict.edu.tw/holodict/index.htm。

於「宜蘭腔」、「永靖腔」的語音都在韻母部分有別於其他地方；例如「飯」字，宜蘭地方讀音為「puīnn」，其他地方讀音為「pn̄g」。又例如「冰」字，永靖地方讀音為「pian」，其他地方讀音為「ping」，可以看到彼此與其他地方語音的差異，乃在韻母的讀音不一樣，而聲母都是一致的。

而「關廟腔」更是獨特中的獨特，其在語音與其他地方不一樣的是，在聲母的不一樣，「關廟腔」將「tsh」的發音，發音成「s」，而韻母並未有差異。例如「車」字，關廟地方讀音為「sia」，其他地方讀音為「tshia」；又例如「菜」字，關廟地方讀音為「sài」，其他地方讀音為「tshài」。例如語句：「伊去市仔買青菜，炒炒摻青蔥，請裁摻豆油烏醋，這下烏趖趖攏袂青〔註28〕。」用關廟腔讀音為「I khì sī-á bué senn-sài，sá-sá sam senn-sang，sìn-sái sam tāu-iû oo-sòo，tsit-siann oo-sô-sô lóng bē senn」，若非習慣當地的語音，則會誤以為「炒了這盤菜就不能再懷孕生小孩」，因語音的不熟、不解或誤解，實在讓旁人啼笑皆非。這句語句在其他地方讀音為「I khì tshī-á bué tshenn-tshài，tshá–tshá tsham tshenn-tshang，tshìn-tshái tsham tāu-iû oo-tshòo，tsit-siann oo-sô-sô lóng bē tshenn」。故說「關廟腔」其獨特性又較「宜蘭腔」、「永靖腔」更加醒目。

〈歸仁阿媽〉是陳雷〔註29〕的一篇短品，裡面敘述著歸仁鄉的祖母，操用著與關廟同口音的對話趣事，台南歸仁鄉與關廟鄉地處相鄰，從〈歸仁阿媽〉的對話上可了解，歸仁鄉與關廟鄉的語音腔調是一樣的。

> 阮去 tshuē 阿媽，上愛 kā 伊創治，刁工 kā 問：「阿媽，阮 tshuā 你來去車頭好無？」伊 tō 講：「恁 suā 我去 sia 頭 beh sòng 啥？」嘴齒漏風 koh 捲舌。阮 tō kā 笑，學伊講：「阮 suā 你去 sia 頭看火 sia。」伊 tō 講「恁 m̄ 通 kā 阿媽 siò。」Hōo 阮笑 bē suah。……阿媽，你 ê 筍 á 上蓋 tshè……。伊 tō thèh 足 tsē hōo 阮，講：「阿媽 phak--ê 筍干 khǹg khah 久 mā iáu sè-sè-sè。〔註30〕」

以上是摘自〈歸仁阿媽〉的二段對話，歸仁的阿媽知道自己的腔調不同，

〔註28〕華語意思為：「他去市場買青菜，放入青蔥一起炒，又隨意加入醬油及黑醋，這下子整盤菜黑溜溜一點都不青翠。」

〔註29〕陳雷：本名吳景裕，台南縣麻豆鎮人，1986 年開始創作台語小說〈美麗 ê 樟腦林〉後，佳作不斷知名小說有《永遠 ê 故鄉》（詩文集）、《陳雷台灣話戲劇選集》、《陳雷台語文學選》二冊等、《鄉史補記》。

〔註30〕轉載自台語信望愛《陳雷文選》之〈歸仁阿媽〉。http://taigu.fhl.net/Tanlui/Tanlui9.html 原文為教羅拼音系統，改為台羅拼音系統。

連自己的孫子都以此捉弄，還要央求孫子不要笑她，而陳雷以此語音特色作為文學的創作，不止博得當地人的喜愛，也廣受大家的青睞。可見得若善用地方獨特的腔調，作為創作的元素，不失其獨特性與趣味性。而此點效果正與〈宜蘭腔〉及〈阿媽蹛永靖〉有著同工異曲的妙處。

　　宜蘭、永靖、關廟這三個地方，各自擁有明顯獨特的日常生活說話語音，劉福助在南腔北調的作品上，目前已有宜蘭腔、永靖腔，我們期待他日劉福助再創作的「關廟腔」，筆者在與劉福助訪談時，談到未見到「關廟腔」此部分，劉福助說，他知道不能獨缺「關廟腔」，已有此作品，將安排在下一張專輯內。劉福助在《呦呦台灣　臺語歌謠》記者發表會時，也說出了「關廟腔」的獨特性：

> 台灣有些地方的獨特腔調很特別，不止宜蘭腔，永靖腔，還有很特
> 殊的關廟腔，台南關廟腔把「鬍鬚」說成「hô-siu」、「買菜」說成「bé
> sài」、「欲去菜市買紅菜」說成「beh khì sài-sī bé âng-sài」，外地人會
> 誤以為「欲去菜市場買翁婿」。〔註31〕

　　南腔北調各自獨特，語調語音的豐富，實為台語的精采點之一，劉福助總特別的用心留意到，地方語音的獨特性；創作出其獨一無二的作品，這樣的作品呈現不失趣味、獨特、且讓人眼睛一亮的是，對地方的親近與感情。語言是文化的活化石，劉福助的「宜蘭腔」、「永靖腔」經過傳唱，不只有其顯見的娛樂功能，對語言文化的保存功能，更加值得嘉許。

〔註31〕20110429《呦呦台灣　臺語歌謠》記者發表會。

第五章　劉福助的家庭與勸化作品

　　一個人一生中的生活，與家庭是分不開的，故在家庭生活總受到十足的重視，家庭生活若經營的好，則會安家立業、進而興家興業、母慈子孝、春暉吋草、無內顧之憂、兄友弟恭、同袍同澤、光宗耀祖；反之，若無法養家活口、無家可歸、妻離子散、敗壞門楣、破家散業、導致家破人亡，這樣的家庭生活經營可總人人不愛也不願。

　　家庭生活的重要性古今皆然，所以在各類的文學呈現總不缺乏此主題，然而在台灣流行歌壇上，卻只有劉福助大量深探此主題，且對此主題做了更廣泛創作，而贏得不少女性長輩的喜愛，用現在的封號來講，劉福助可是當時的「師奶殺手」。講到家庭生活方面的歌詞創作，筆者總想給予一個封號，就是「台語流行歌曲生活大師。」在劉福助的歌壇活躍期，為家劉福助庭生活而創作的代表歌曲有〈祖母的話〉（見附件五，引用歌詞索引）、〈歹歹尪吃袂空〉（見附件五，引用歌詞索引）、〈尪親某親老婆仔拋車轔〉（見附件五，引用歌詞索引）、〈安童哥買菜〉（見附件五，引用歌詞索引）。而其中〈安童哥買菜〉經採證並非是劉福助的寫詞，而是他所譜曲並主唱，沒想到日久下來，大家也不以為意的泛稱為他的創作，筆者將此歌曲留置另章節再敘。

　　追求幸福的人生，首重要有健康的身體，現代的人往往在追求財富的累積過程中，卻疏忽掉保持身體健康，即使有再多的財富，到頭來惹得一身病痛，或無法行動成天躺在病床上，年輕時隨意揮霍健康，壯年時不在意健康，老年時就真的沒有健康。張春興在《現代心理學》之健康心理學的研究就說明：

　　　健康與智慧是人生的兩大幸福；健康就是美，最健康就是最美；健

康是人生第一財富；健康的心理，寓於健康的身體；健康是智慧的
條件，是愉快的標誌。〔註1〕

習慣導致的疾病是很難靠醫藥控制的。因此推行良好生活習慣運
動，就成了人類生命觀的第二次革命。此次革命的特色是，生命的
保護者不是別人，而是自己；是自己能掌握的生活習慣。〔註2〕

　　由此我們可以知道，健康長壽繫於良好的生活習慣。而劉福助用心良苦，
為了讓大家能有健康的身體，不要養成不良的生活習慣，也創作了有關「拒
菸」「拒酒」的歌曲來勸誡，這樣的健康概念完全符合了美國預防醫學的健
康宣傳，甚至於加上「拒賭」而更臻完善。在拒菸的創作有〈講著薰火就著〉
（見附件五，引用歌詞索引）、「拒酒」的創作有〈飲酒人〉（見附件五，引
用歌詞索引）、〈酒戒毋好〉（見附件五，引用歌詞索引）、〈燒酒愈飲負債愈
深〉（見附件五，引用歌詞索引）。本文就這兩類各擇一首主打歌〈講著薰火
就著〉、〈飲酒人〉做敘述，另加上拒賭類歌曲〈侷毋通博〉（見附件五，引
用歌詞索引）來做敘述內容。

第一節　〈祖母的話〉

　　自古以來總要求著女子嫁人，「三從」「四德」爾已。女子長大的要務，
就是嫁做人婦、生兒育女，能懂得侍奉公婆生活起居。台灣俗諺講：「好囝事
父母，好女順翁姑（Hó kiánn sū hū-bió，hó lú sūn ong-koo）。」在《禮記・郊
特牲》便有對於「三從」的說明：「婦人，從人者也。幼從父兄，嫁從夫，夫
死從子」〔註3〕而「四德」在《後漢書・列女傳》中更有清楚的說明：

　　女有四行：一曰婦德，二曰婦言，三曰婦容，四曰婦功。夫云婦德，
不必才明絕異也。婦言，不必辯口利辭也；婦容，不必顏色美麗也；
婦功不必工巧過人也。清閒貞靜，守節整齊，行己有恥，動靜有法，
是謂婦德；擇詞而說，不道惡語，時然後言，不厭於人，是謂婦言；
盥浣塵穢，服飾鮮潔，沐浴以時，身不垢辱，是謂婦容。專心紡績，

〔註1〕見張春興《現代心理學》，東華書局印製，1991 年四月初版，2005 年十月再
　　　版 43 刷，P.701。
〔註2〕見張春興《現代心理學》，東華書局印製，1991 年四月初版，2005 年十月再
　　　版 43 刷，P.705〜706。
〔註3〕見《十三經注疏・禮記》，台北：藝文印書館，1997.8 初版 13 刷，頁 506。

不好戲笑，潔齊酒食以奉賓客，是謂婦功；此四者，女人之大德，

而不可乏之者也。〔註4〕

可知「三從、四德」便是女子的生活準則，父母從小以此教育家中的女孩，是否服膺「三從、四德」乃成為判斷女性是否成為有德的標準。女子不但要溫順地服從於男性，行為舉止拿捏得宜，更要勤奮織紡女紅、少言多做，一切感受盡在不言中，女子被以教導「四德」的教育，就是要她明白順從的道理。

女孩在出嫁前，凡為家務事理都要學，出嫁後便負責家庭烹煮三餐及料理家務的需求。在台灣俗諺也這樣講：「第一煮三頓（tē it tsú sann tǹg），第二炊粿（tē jī tshue kué），第三縛粽（tē sann pàk tsàng），第四做豆醬（tē sì tāu tsiùnn）」從最根本的烹煮三餐說到繁雜困難的釀豆醬，強調傳統女性成為家庭「煮婦」的必備料理工夫。台灣俗諺更提到了家務：「入灶跤洗碗箸，入大廳拭桌椅（Jip tsàu-kha sé uánn-tī，Jip tuā-thiann tshit toh-í）」、「查某囡仔人，乞食工藝也著學（tsa-bóo gín-á lâng，khit-tsiàh kang-gē iā tiòh oh）」、「飼豬飼狗，絪柴〔註5〕挼〔註6〕草（tshī-ti tshī-káu，in-tshâ nuá-tsháu）」。足見女子主內的重擔，就在一切家務，為人母的切記，女子在出嫁前，要教她學會一切家務手藝，免得為人媳婦時，「摸著箸籠，才知頭重（bong tiòh tī lāng tsiah tsai thâu tāng）」，鬧出了「瓠仔幼幼無摳皮你也罵，苦瓜粗粗摳皮你也罵（pû-á iu iu bô khau phuê lí iā mā，khóo-kue tshoo tshoo khau phuê lí iā mā）」、「麵線摻鹽你也罵，豆籤無摻鹽你也罵（mī-suànn tsham iâm lí iā mā，tāu-tshiam bô tsham iâm lí iā mā）」的笑話，這樣的被譏笑可是連母親都被譏笑進去了。

〈祖媽的話〉這首歌曲分為四大段。第一大段敘述著做人媳婦的道理，該有的生活習性，以及懂得為婆家未婚的小叔、小姑們著想盤算。第二大段仍然再敘做人媳婦的道理，懂得打點自己以及家裡大小事務。第三大段則敘述做人媳婦的苦難經，為人媳婦的不管在心力以及體力如何的付出，總得不到相等的對待，最後只好頓悟入空門。第四大段轉敘著若娶到了不盡責、不

〔註4〕見《二十五史·後漢書》卷一一四，台北：開明書店鑄版，1969，頁894。

〔註5〕絪：讀音「in」。根據1.台日大辭典詞解為「（1）捲起來縛。（2）（捲ê物件ê助數詞）束。（3）隨便揮動。（4）爭鬥、爭論。」在此為（1）捲起來縛。將細小柴枝捲為一小捲好升火燒柴。P.93。

〔註6〕挼：讀音「nuá」。根據1. 台日大辭典詞解為「用手掌捏（nih）揉（jue⁷）。」P.507。

懂事的媳婦，可不按牌理出牌，心情不佳時，還會數落公婆一番。

　　開明宗意就講到做人的媳婦，第一要義就要懂得媳婦的責任義務，做人媳婦光是忙家務就能累到無法早睡，即使工作到很晚，以致於深夜才入睡，可要記得明天是要一大早起床，再繼續一天的家務。這可無法像未嫁的女兒般的能賴床。否則可要惹來聲聲罵、句句嫌。

　　　　做人的新婦著知道理（Tsò lâng ê sin-pū tioh tsai tō-lí）

　　　　晚晚去睏早早起（Uànn-uànn khì khùn tsá tsá khí）

　　　　又擱煩惱天未光（iū koh huân-ló thinn bē kng）

　　　　又擱煩惱鴨無卵（iū koh huân-ló ah bô nng）

　　　　煩惱小姑欲嫁無嫁粧（huân-ló sió-koo beh kè bô kè-tsng）

　　　　煩惱小叔欲娶無眠床（huân-ló sió-tsik beh tshuā bô bîn-tshng）

　　這媳婦可真難為，一旦可以入眠又不敢熟睡到自然醒，總要牽掛著天亮了沒？就怕晚了些時候起床，無法如早起的公婆意，甚至來不及煮好早餐給公婆食用，就得邊睡覺邊注意天亮了沒，實在委屈了；另一方面又得繼續煩惱著所飼養的鴨子可否會下蛋，一旦下了蛋也才好貼補著用；煩惱不止此，家中還有未嫁人婦的小姑，煩惱著若要出嫁時，嫁妝如何張羅？家中的小叔啊！倘若要結婚娶親時，你的新床又還無能力採購呢！這樣的好媳婦，如此的分擔著公婆的心思，可難得囉。

　　　　做人的新婦著知道理（Tsò lâng ê sin-pū tioh tsai tō-lí）

　　　　晚晚去睏早早起（Uànn-uànn khì khùn tsá tsá khí）

　　　　起來梳頭抹粉點胭脂（khì-lâi se-thâu buà-hún tiám ian-tsi）

　　　　入大廳拭桌椅（Jip tuā-thiann tshit toh-í）

　　　　踏入灶腳洗碗著（tā jip tsàu-kha sé uánn-tī）

　　　　踏入繡房繡針黹（tā jip siù-pâng siù tsiam-tsí）

　　再次的告誡為人媳婦的妳可要明白道理，晚晚的去睡，記得早早的起床，起床第一要事，可記得梳妝打扮，抹水粉擦口紅，乾淨整齊漂亮的準備見公婆、見丈夫、見家人，給家人第一眼就要整潔亮麗的好印象。打扮清亮的媳婦，仍得要繼續家務的工作，一踏入家中的客廳，就得擦乾淨桌椅，家人醒來、鄰居客人一進家門，最先碰觸的地方就是客廳，故得保持乾淨。再者就得在走進廚房繼續煮三餐的工作，而煮好飯後伺候家人用餐完畢後，可得繼續的洗碗筷的工作，一刻也不得閒；好不容易廚房清潔工作完畢，又得忙於

女紅的工作，織補衣褲刺繡布帕，樣樣不得閒。

　　做人的新婦擱也艱苦（Tsò lâng ê sin-pū koh iā kan-khóo）

　　五更〔註7〕早起人嫌晚（Gōo-kinn tsá-khí lâng hiâm uànn）

　　燒水洗面人嫌熱（Sio-tsuí sé-bīn lâng hiâm juah）

　　白米煮飯人嫌烏（Peh bí tsú-pn̄g lâng hiâm oo）

　　氣著剃頭〔註8〕做尼姑（khì tioh thih-thâu tsò nî-koo）

　　這樣的費心思、勤做事，為人媳婦者實在難為了，早早的五更天人就起床忙家事，還要被不理解的家人嫌棄太晚起床了，難道不能再早點起床嗎？另外備好熱水好讓家人盥洗擦臉，還是讓人不滿意溫度的適合，難為啊！粒粒白米辛苦煮出來的白米飯，竟然還能被人嫌棄米粒不夠白太黑了；樣樣的不盡人意、不合人心，真是讓人愁眉苦目、無所措手，抴心泣血、激忿填膺的乾脆剃掉三千煩惱絲，吃齋念佛當尼姑。

　　若是娶著彼落歹新婦（nā-sī tshuā tioh hit lóh phái sin-pū）

　　早早著去睏（tsá tsá tioh khì khùn）

　　晚晚擱不起床（Uànn uànn koh m̄ khí tshn̂g）

　　透早若是加伊叫起（Thàu-tsá nā sī kā I kiò khí）

　　著面臭臭（Tioh bīn-á tshàu-tshàu）

　　又擱揹塊肩胛頭（Thâu-tsang iū kohphāinn tī king-kah-thâu）

　　柴屐又擱拖塊胛脊後（Tshâ-kiah iū koh thuā tī kah-tsiah āu）

　　著 ki-ki kók-kók　ki-ki kók-kók（Tioh ki-ki kók-kók　ki-ki kók-kók）

　　起來罵大官是老柴頭（khí lâi mā tā-ke-kuann sī lāu-tshâ-thâu）

　　假若要是娶到了壞媳婦，早就不知媳婦的本分何在，又如何要求盡責，每天早早的去入睡，隔天又要睡到自然醒，眼看早該起床整理家務，卻遲遲未見起來，倘若忍不住看不慣的去把她叫起床，這下總有下床氣發飆的讓你無法認同！被叫起床的媳婦，可心有不甘的擺著臭臉給你看，嘴嘟的高高，一頭尚未整理的長髮又散亂在肩膀上，心不甘情不願的拖著木屐，心煩意躁的走起路來滿是木屐的拖聲，ki-ki kók-kók、ki-ki kók-kók，隨口還要罵你這

〔註7〕五更：讀音「gōo-kinn」。一更天：戌、19：00～21：00；二更天：亥、21：00～23：00；三更天：子、23：00～01：00；四更天：丑、01：00～03：00；五更天：寅、03：00～05：00。

〔註8〕剃頭：讀音「thih-thâu」。理髮的台語。

個公公是個老頑固！

一首〈祖母的話〉替受到滿腹委屈的媳婦道盡無處說出委屈，也替有苦說不出的公婆吐口中怨氣，讓人明白了娶到好媳婦，而不知加以疼惜的不應該，也讓大家清楚娶到壞媳婦，家中長者受到的怨氣。從這首歌中我們當思媳婦的難為，千百年來女人的戰爭不斷，婆媳難解的心結何在，時代不停的在變，縱然現代的媳婦可以脫離往昔刻版印像，但也不應走向毫無尊重長者的態度。為人婆婆的若能以多了個女兒來疼愛，為人媳婦的能以多了個媽媽來孝順，雙方願「融入」彼此，必能創造婆媳雙贏的新生活。

劉福助的〈祖母的話〉陳龍廷從文本中看到不一樣的見解：

> 從互文性的觀點來看，這首歌並非劉福助個人的聲音、話語而已，而是來自母親的母親那一輩輾轉流傳下來的言語，此即「祖母的話」。因此從這首歌聲裡所聽到的，不僅是劉福助所創造出來的敘事邏輯而已，而可以聽到那些跨越不同世代輾轉流傳下來的聲音，交織成臺灣歌謠的奇妙和聲。〔註9〕」

以一個男性唱出了世代女性的吩咐交代，而在世代交替，不同時代女性的見解思考，是否都如一呢？陳龍廷指出了「祖母的話」跨越了不同的世代輪轉，非專指劉福助的祖母，或是特定個人的祖母。而劉福助正是扮演著替代說出這些祖母們的吩咐交代，由一個男性來說出吩咐交代，是否也認同做人媳婦的理所當然爾？是否也意味著大男人的心思？而小女人的委曲又該往何處吐？兩性不平等的對待，至今仍須努力改善。而若純粹以娛樂的角度看，劉福助〈祖母的話〉倒讓人玩爾一笑。

第二節 〈歹歹尪食袂空〉

台灣俗諺講：「尪某前世相欠債（Ang-bóo tsîng sè sio khiàm tsè）」、「五百年前姻緣天註定（Gōo pah nî tsîng in-iân thinn tsù-tiānn）」當無法清楚解釋夫妻雙方情緣的來攏去脈，因果底定，這樣的「天註定」、「相欠債」總會解決很多心中的疑問與放下內心的不滿氣憤。長一輩的婆婆媽媽，若遇到女兒媳婦有爭吵時，也都會以此方式才做勸和，到也真能看到效果。台灣俗諺更說到了：「花無錯開，天無錯對（Hua bû tshòo khui，thian bû tshòo tuì）」、「無冤無

〔註9〕陳龍廷〈傳統與流行：劉福助歌謠的雙重意義〉P7。

仇，袂結歸球（bô uan bô siû，bē kiat kui kiû）」多數的人更是深信不疑姻緣早就天注定。

男女雙方一旦結婚後，對經營家庭的看法，筆者認為要有永續經營的信念，女性不再是往日的宿命論，台灣俗諺所謂「查某囝仔人菜籽命（tsa-bóo-kín-á lâng tshài-tsí miā）」已不適用現代女子擇偶觀念，以前的女子婚姻對象，以父母安排、或男方媒人邀約，到結婚前女子幾乎沒能可以為自己的夫婿選擇，以致於女孩子婚後命運如同菜籽般的隨落地生根，菜籽無法選擇肥沃的土地下種。然而現代的女子已都有受教育，婚姻的對象也能自由選擇不再受逼迫，加上社會風氣的開放，對組織家庭及經營生活，都不再是單方面的責任，婚後要有幸福美滿的生活，男女雙方都應能自覺、自醒，夫妻雙方誰有了對家庭不利的嗜好行為，都應力求改正改進，而另一方理應全力支援改正一方的辛苦過程，筆者不是堅持婚姻終身一次論，而是認為當每次面對婚姻成立新家庭時，都應戰戰兢兢，力求經營婚姻生活的完整性及永續性。

〈歹歹翁食袂空〉這首歌曲，可視為分成三大段。第一段顯而易見的訴說著不要人比人氣死人，尤其是女子嫁夫，不管丈夫好壞，能彼此疼惜將心比心，不要去與他人做比較，所嫁的丈夫不管如何，都要把這輩子給過完。第二大段則不明顯的分段，把各行各業、不同性格、不同樣貌的丈夫，分別以趣味的敘述，因為數量多，全歸為第二大段，在敘寫實則仍分數句分別寫作。第三大段則是以勸說做結束，敘述能做夫妻是因前世的互相欠債，好壞的結果，世上都不是只有你一人，把心情放輕鬆，若嫁到不是完美的丈夫，總能相處較長久。

　　大家閒閒就來聽我唱（Tā ka îng îng tiȯh lâi thiann guá tshiùnn）
　　毋是要佮咱來相比（M-sī beh kah lán lâi sio pí）
　　人講嫁著歹翁莫怨嘆（Lâng kóng kè tiȯh pháinn angmài uàn-thàn）
　　好歹同款嘛是一世人（hó pháinn kâng khuán mā sī tsȧt sì lâng）

這是劉福助式的幽默，總帶有著開玩笑意味的在說道理，話中似乎趣味又深具生活哲理，這首創作的主題乃以女子嫁夫的類型，勸告女子應如何釋懷，人生雖未達完美無缺，但也求心滿意足，所嫁丈夫雖非高官巨賈，但也求盡如人意。倘若大家不忙就請聽我娓娓道來唱給你聽，說出來不是要與他人做比較，人說「人比人氣死人」嘛！勸著女子們，結婚若嫁到不如意的丈夫，就千萬別埋怨嘆息，好壞總是過一天、過一輩子。

嫁著讀書的翁（kè tio̍h tha̍k-tsheh ê ang）

床頭睏床尾會香（Tshn̂g thâu khùn tshn̂g bé ē phang）

三日無吃閣也輕鬆（Sann ji̍t bô tsia̍h koh ia̍h khin sang）

嫁著做田翁（kè tio̍h tsò tshâu ang）

每日無閒來梳頭鬃（muí ji̍t bô îng lâi se thâu tsang）

嫁著總舖翁（kè tio̍h tsóng phòo ang）

身軀油油看著袂輕鬆（Sin khu iû iû khuànn tio̍h bē khin sang）

　　結婚的夫婿若是個讀書人，家中想必汗牛充棟，這樣的家庭充滿著書香氣味，在芝蘭之室入眠，夢中也聞到書香的氣味；丈夫的敦品勵學、進德修業、德才兼備，即使三天不進食倒也能輕鬆不用煩惱生活，因為丈夫靠著高深的學識就能為人師表，傳道授業解惑，何懼無收入可生活。倘若嫁到的夫婿是從事農業的農夫，這樣的女子可就夠你忙到連梳妝打扮的時間都沒有。假若嫁到的夫婿是個廚師，因為工作就只有在料理食物，兼顧色香味俱全，料理出秀色可餐，身上是無法沒有油味，早期的生活廚房設備未足完備，若無抽油煙機，就難免一身油，自然就無法保持輕鬆舒適的外在。

嫁著做衫翁（kè tio̍h tsò sann ang）

看人身軀是媠噹噹（Khuànn lâng sin khu sī suí tang tang）

嫁著賣菜翁（kè tio̍h bē tshài ang）

三餐毋是菜閣就是蔥（Sann tǹg m̄ sī tshài koh tio̍h sī tshang）

嫁著刣豬的翁（kè tio̍h thâi ti ê ang）

煮菜無油閣也會香（tsú tshài bô iû koh iā ē phang）

　　女子嫁到了以裁縫師為業的丈夫，也就只能眼睜睜的看著別人穿上漂亮的衣服，美麗總在他人身上。倘若嫁到的夫婿是個賣菜的小販，這樣的家庭三餐的菜色總脫離不了青菜、青蔥，賣菜的小販總沒能每天都將青菜賣掉，自然未賣掉加上相貌差的青菜就只好拿來煮食用餐了。若是嫁到了殺豬販賣豬肉行業的丈夫，這下三餐煮飯若家中沒了食用油可料理，也不會失去風味，因為丈夫身上可是豬油滿身，豬油的香味可充滿了整個家庭。

嫁著賭博翁（kè tio̍h pua̍h kiáu ang）

博贏食肉博輸食蔥（Pua̍h iânn tsia̍hbah pua̍h su tsia̍h tshang）

嫁著酒鬼的翁（kè tio̍h tsiú kuí ê ang）

酒醉相拍是扭頭鬃（tsiú tsuì sio phah sī khiú thâu tsang）

我定定心頭閣袂輕鬆（guá tiānn tiānn sim thâu kohbē khin sang）

　　女子若嫁到了愛賭博的丈夫，這下可就要有一餐沒一餐，三餐的豐盛與否，全決定在丈夫賭桌上的輸贏，若手氣好贏了錢，可就享食大魚大肉，若賭輸了自然就隨便吃吃，是有得吃就好了。若嫁到了酗酒的丈夫，這下想必天難過天天過，過量黃湯下肚後的丈夫神不清，借酒裝瘋賣傻，一發起酒瘋打起老婆，胡亂出拳後保證你一頭亂髮，這樣的為人妻，心中又何嘗能輕鬆的起來？

嫁著戇憨〔註10〕的翁（kè tiòh khong khám ê ang）

憨憨仔是憨叮噹（Khám khám á sī khám tin tang）

閣 lān 面〔註11〕又閣激〔註12〕輕鬆（Koh lān bīn iū koh kik khin sang）

你若氣死嘛無彩工〔註13〕（lí nā khì sí mā bô tshái kang）

嫁著風流翁（kè tiòh hong liû ang）

山珍海味食袂香（San tin hái bī tsiàh bē phang）

　　再來女子若嫁到了裝瘋賣傻，凡事束之高閣，不能思索的丈夫，成天漠不關心置之度外的過日子，這樣的妳氣死沒價值，倒不如反思如何改變丈夫的生活方式及行為思考模式。假若女子嫁到了風流成性的丈夫，到處惹花拈草處處留情，如同一隻採花蜜蜂，這樣的丈夫即使參餐供給你享用山珍海味，勢必也索然無味，遑論食物的美味何在。

嫁著散赤〔註14〕翁（kè tiòh sàn tshiah ang）

米定定空（bí tiānn tiānn khang）

毋過精神比較較輕鬆（M koh tsing sîn pí kàu khah khin sang）

嫁著貧惰翁（kè tiòh pîn tuānn ang）

khiû khiû 儉儉〔註15〕閣無採工（Khiû khiû khiām khiām koh bô tshái

〔註10〕憨：讀音「khám」。根據台日大辭典詞解為「亂來毋知死活」P.219。

〔註11〕lān 面：讀音「lān bīn」。根據台日大辭典詞解為「（卑）＝[lān 鳥面]。」P.947。

〔註12〕激：讀音「kik」。根據台日大辭典詞解為「（1）（姓）。（2）塞，壓，鬱卒。（3）蒸溜。（4）激勵，激迫，不得已。（5）裝（tèn），扮演……款式。（6）沈迷。」在此為（5）裝（tèn），扮演……款式。P.285。

〔註13〕無彩工：讀音「bô tshái kang」。根據台日大辭典詞解為「無結果，無利益，無價值。」P.855。

〔註14〕散赤：讀音「sàn tshiah」。根據台日大辭典詞解為「貧乏。」P.557。

〔註15〕khiû khiû 儉儉：讀音「Khiû khiû khiām khiām」。根據台日大辭典詞解為「非常節儉」P.280。

kang）

　　若是嫁著彼個臭頭仔翁（nā sī kè tiȯh hit ê tshàu thâu á ang）

　　捻棉被塞鼻口（Liàm mî phuē that phīnn khang）

　　女子若嫁到貧窮匱乏、一無所有的丈夫，為人妻子可常常要為無米之炊的痛苦，三餐不繼米甕因無錢可買米，這樣的夫妻常可以夫妻同心共同為家庭打拼，丈夫也因無錢無閒可作怪，也因感念妻子的辛勞，多能互相體貼，故這樣的夫妻生活物質上雖然匱乏，但在精神上是比較愉快。若嫁到了懶惰的丈夫，只要享受卻不做事，這樣的妻子即使生活上如何的節儉到極點，總是於事無補，白費心思，台灣俗諺講：「貧惰吞瀾（pîn tuānn thun nuā）」懶惰的人事無法享受，就算想吃而懶的動手去烹煮料理，肚子明明很餓，也只有吞口水的份。而嫁到了有皮膚病的丈夫，妻子總要忍受丈夫身體上散發出的臭味，趣味的形容叫妻子只有忍受，那麼就去撕些棉花揉成團塞在鼻孔，就聞不到了。

　　講會做翁某是相欠債（Kóng ē tsò ang bó sī sio khiàm tsè）

　　毋是干焦咱一個（M sī kan-nā　lán tsit ê）

　　大家心肝放較輕鬆（Ta ka sim kuann pang khah khin sang）

　　好尪歹翁總是翁（hó ang pháinn ang tsóng sī ang）

　　人講歹歹翁食袂空（Lâng kóng bái bái ang tsiȧh bē khang）

　　啊咿‧‧歐夷羅夷（A i～～ oo I loo i～）

　　俗諺就說的很清楚了，能做夫妻總是前世有因果，這樣的嫁得好或嫁得不好，又不是只有自己一個個案，已嫁的女子們，總要心裡放輕鬆過日子，不管是好丈夫或是壞丈夫，總是自己的丈夫，不用一定只要挑選條件高的丈夫，互相體諒、包容、成長過生活，先人都說了「歹歹翁食袂空（bái bái ang tsiȧh bē khang）」，沒有完美無缺的人，你可要三思啊！

　　夫妻雙方的關係是密不可分的，台灣俗諺說：「翁仔某褲帶結相黏（ang-á-bóo khòo tuà kat sio liâm）」、「翁某第一親（ang bóo tē it tshin）」、「翁某，穿全領褲（ang bóo, tshīng kâng niá khòo）」，這些說明夫妻關係的緊密，而這種緊密的程度是超乎其他關係之上的。雖然夫妻關係緊密又親近，夫妻雙方仍應該互相尊重，台灣俗諺明釋出：「上床夫婦，落床客（tsiūnn tshn̂g hu hū，lȯh tshn̂g kheh）」、「疼翁為翁煩，疼某為某苦（thiànn ang uī ang huân，thiànn bóo uī bóo khóo）」。這首〈歹歹翁食袂空〉乃是以趣味性的語義，輕鬆的說出為人

妻子的，既然已嫁為人婦，就應用看淡看空的境界來與丈夫相處。話雖說如此，筆者以為現代的女子當有能力思考，善用行為改變技術，或互相真誠溝通，以同理心、感同身受來幫丈夫改掉不良習慣，以求婚姻生活的改善、家庭的美滿。

第三節　〈尪親某親老婆仔拋車轔〉

為人父母的實在兩難，辛辛苦苦的拉拔著兒子長大，歡喜著兒子終於長大成人，可以娶媳婦，另方面卻也難掩心中的隱憂。台灣俗諺說：「娶一個新婦，死一個後生〔註16〕（tshuā tsi̍t lê sin-pū，sí tsi̍t lê hāu senn）」這是所有為人父母最不願意發生的事情，卻也無法避免的現象。只是為人父母的若能真心體會，兒子長大新婚必然的喜悅及甜蜜，想想自己也是經歷過如此人生，從情竇初開歷程而激情奔放到情感歸屬的甜蜜，以同理心看待兒子的結婚，就較能釋懷。台灣俗諺說：「有一个某，較好三个天公祖（Ū tsi̍t ê bóo，khah hó sann ê thinn-kong-tsóo）」，兒子在新婚期間，為人父母若常數落媳婦的不好，想必自然破壞家庭親子間的和諧。對於另一句的台灣俗諺：「細漢母仔囝，大漢某的囝（Sè-hàn bú-á-kiánn，tuā-hàn bóo ê kiánn）」，就讓天下的母親久久無法釋懷，從小費盡心力、小心翼翼、全神貫注的照顧與栽培，怎就因一結婚，兒子的眼睛看不見母親，兒子的世界只有媳婦，這樣的情況都會讓天下的母親心中在流淚，若未能改善狀況，家庭的不和諧氣氛、婆媳間的衝突問題就日益嚴重。

而劉福助這首〈尪親某親老婆仔拋車轔〉就有能解決這樣問題的作用，藉著輕鬆的語調，戲謔式的敘述著年輕人的娶妻、護妻、愛妻的不加以掩飾的熱情，讓從小養他長大的母親看了可要捶心肝，心中暗泣著兒子可從未如此的關愛過母親，有了老婆忘了母親。筆者因為也會為人婆婆，故在這些年來不斷的教育自己的適應態度，體會出要避免此問題，理當三方面的新角色婆婆、丈夫、媳婦都須有認知，為人母的要滿心喜悅的見到兒子的幸福婚姻，並給予祝福；新嫁來的媳婦要讓自己在最短時間內讓自己融入新家庭的生活，真心尊重家中長者；兒子需要有更大的新生活考驗能耐，台灣俗諺所說的：「抹壁雙面光（buah piah siang bīn kng）」更加考驗做兒子組織新家庭後的夾

〔註16〕後生：讀音「hāu senn／hāu sinn」。根據台日大辭典詞解為「兒子」P.522。

心餅乾角色的智慧。

〈尪親某親老婆仔拋車轔〉這首歌曲分為三大段。在第一大段敘述著已成熟的少年，心思全在娶得美嬌娘，為了要有老婆，甚至不在意的隨便娶一個，總之有老婆萬事足。第二大段敘述娶到了老婆，做丈夫的如何取悅美嬌娘，希望老婆美麗、美白，啥事都願意服其勞。不止如此，為了疼愛美嬌娘，三餐加以營養照顧周全。這樣的服侍美嬌娘的一顆心，卻忘了有父母親。在此段疼愛美嬌娘由於內容多，故在書寫時，仍分數句分述書寫。第三大段則以勸說做結束，勸人不要娶了老婆忘了父母。

　　少年痟〔註17〕娶某（Siáu-liân siáu tshuā-bóo）

　　無某真艱苦（Bô-bóo tsin kan-khóo）

　　請請裁裁娶一個某（Tshìn-tshìn-tshái-tshái tshuā tsit lê bóo）

　　人講一個某（Lâng kóng tsit lê bóo）

　　較好三個天公祖（Khah hó sann ê thinn-kong-tsóo）

長大年輕的少年從情竇初開的迎接成家前的愛情，對心儀的女子展開熱烈的追求，這樣的熱情就如同台灣俗諺講的：「愛情的熱度，像六月天的火燒埔（ài-tsîng ê jiàt tōo，tshiūnn làk gueh thinn ê hué sio poo）。」情人熱戀的時候，日思夜想的就要在一起的熱度，就像夏天點燃起來的草地，熱情如火。一旦無法見到面其心情也如台灣褒歌所謂的：「阿娘生婧笑文文，十八年紀當青春，害阮想到袂食睏，較慘番王想昭君（A-niû senn suí tshiò-bûn-bûn，tsàp-peh nî-kí tng tshing tshun，hāi gún siūnn káu bē tsiàh khùn，khah tshám huan ông siūnn Tsiau-kun）」，年輕的十八姑娘一朵花，既長得漂亮，笑容也迷人，怎就讓人想得無法入睡，比擬番王想念王昭君的情形還更嚴重。想到離開父母都能微笑著離鄉背景出外，但要離開心愛的女友，心裡卻難過到無法割捨，到了晚上睡覺的時候，眼淚都把棉被草蓆給浸濕了。這樣的狀況台灣褒歌也有呈現出：「離父離母攏笑笑，離開阿娘心礙謔，日時欲哭驚人笑，暝時目屎浸被蓆（Lî pē lî bú lióng tshiò tshiò，lî khuia-niû sim gàih-gioh，jit--sî beh khàu kiann lâng tshiò，mî--sî bàk-sái tsìm phuē tshióh）。」經過了這樣的折騰，一旦結了婚娶到了美嬌娘，自然喜悅到無法言語，所以三個天公祖自然比不上娶

〔註17〕痟：讀音：「siáu」。根據台日大辭典詞解為「（1）畜類發情。（2）精神無正常，掠狂。（3）實在講。」P.634。在此為比喻少年發情的熱情如同初類斑的不加掩飾。

了一個美嬌娘。

　　啊呀～愛某美（Aih-iàh ài bóo suí）

　　佮某捧面桶〔註18〕水（Kah bóo pâng bīn tháng tsuí）

　　愛某白佮某洗腳腿（ài bóo pèhKah bóo sé kha thu í）

　　人講驚某是大丈夫（Lâng kóng kiann bóo sī tāi-tiōng-hu）

　　拍某是豬狗牛（Phah-bóo sī ti káu gû）

　　聽某嘴會大富貴（Thiann bóo tshuì ē tuā hù-kuì）

　　看某婧無酒嘛天天醉（Khuànn bóo suí bô tsiú mā thian thian tsuì）

　　這樣愛護美嬌娘的一顆心，只要她高興、開心，為她做什麼事可都是心甘情願，滿腔愛意。為了要讓美嬌娘能夠漂亮，趕緊的奉上一盆水到面前，好讓她梳洗；為了能讓美嬌娘皮膚顯白又嫩，屈下幫美嬌娘擦洗雙腿雙腳又何仿妨。疼愛美嬌娘的一顆心啊，用盡心思的討歡喜。

　　台灣俗諺說：「聽某令較贏敬神明（Thiann bóo līng khah iânn kìng sîn-bîng）」，聽妻子的話語如同命令一般，比敬神拜佛求保佑還有用。又說：「拍某一下箠，害某三頓毋食糜（Phah bóo tsı̍t lê tsê，hāi bóo sann tǹg mī tsiah bê）」，假若與老婆有了口角，不經意的揮打了老婆一下，老婆因為生氣，一氣之下好幾餐不吃東西，這樣為人丈夫的可會後悔當初為何沉不住氣，也會心疼老婆的不進食。又說：「好漢袂拍某，好狗袂咬雞（Hó hàn bē phah bóo，hó káu bē kā ke）」，疼愛妻子品德好的丈夫不會毆打妻子，家中飼養能顧家的好狗不會隨便追咬雞隻。所以說怕老婆的男子才是大丈夫，會毆打老婆的男子就如同豬、狗、牛畜牲一般，如此的夫妻恩愛甜美幸福，雙眼看到的盡是老婆的貌美如仙，一笑傾城的絕美，有了這樣的滿足，沉浸在美嬌娘的情愛之下，不用喝酒也足以讓你天天陶醉。

　　愛某驚某苦（Ài bóo kiann bóo khóo）

　　三頓雞鴨佮某補（Sann tǹg ke ah kah bóo póo）

　　毋驚老母勞（M kiann lāu bú lô）

　　放老母做老婆（Pàng lāu bú tsò lāu pô）

　　啊呀～尪親某親老婆仔拋車轔〔註19〕（Aih-iàh~ang tshinbóo tshin lāu pô á pha-tshia-lin）

〔註18〕面桶：讀音「bīn tháng」。根據台日大辭典詞解為「洗面 ê 桶」P.655。

〔註19〕拋車轔：讀音「pha tshia lin」。根據台日大辭典詞解為「翻筋斗」P.566。

　　新婚後的丈夫，極度疼惜寵愛著美嬌娘，擔心著老婆的辛苦，三餐不忘大魚大肉給妻子進補，就怕妻子少吃了美食三兩口；而從小把屎把尿拉拔他長大成人成家的老母，卻淡忘了她的存在，忘了噓寒問暖、忘了問候請安、忘了關懷致意，父母親不在兒子的心裡面。唉唷！夫妻間的鶼鰈情深、心心相映、琴瑟和鳴、恩恩愛愛、魚水相歡、纏綿悱惻，怎就忘了辛苦養育的年邁雙親！

　　　　人講飼某無論飯（Lâng ling tshī bóo bô lūn pn̄g）

　　　　飼爸母著算頓（tshī pē bú tiȯh sǹg tǹg）

　　　　好魚好肉是捧去园（hó hî hó bahsī phâng khì khǹg）

　　　　菜脯根仔來闤過頓（Tshài póo kin-á lâi bong kuè tǹg）

　　　　飼某飼甲肥滋滋（tshī bóo tshī kah puî tsut tsut）

　　　　飼爸母飼甲偆一支骨（tshī pē bú tshī kah tshun tsȧt ki kut）

　　俗語說養老婆餐餐美食鮮味，也不會去計較花費，而賺錢養家與父母吃飯，卻算計著父母已吃了多久，是否該換去別的兄弟家住宿了，大魚大肉美味料理捨不得給父母嚐鮮，收放著留給妻子享用，年邁的老父母只好含淚配食蘿蔔乾度日，這樣的兒子，喜孜孜的把妻子養得肥肥胖胖，卻把老雙親養得日漸乾瘦。

　　　　毋通細漢爸母生（M thang sè hàn pē bú senn）

　　　　大漢變某生（tuā hàn piàn bóo senn）

　　　　毋通細漢母仔囝（M thang sè hàn bú-á-kiánn）

　　　　大漢變成某的囝（tuā hàn piàn sing bóo ê kiánn）

　　　　我勸莽懂〔註20〕少年家（guá khǹg bóng tóng siàu liân ke）

　　　　至親爸母是咱的（tsì tshin pē bú sī lán ê）

　　　　尪親某親是爸母應該閣較親（ang tshinbóo tshin sī pē bú ìng kai koh khah tsahin）

　　　　毋通放老公婆仔佇拋車轔（M thang pang lāu kong pô á tê pha tshia lin）

　　已娶妻為人子的你，千萬不要忘了小時候養育栽培你的父母，長大娶了妻子卻忘了雙親，也千萬不要忘記親子間的親情，從小與父母親的親近，結婚後卻一切生活只有妻子的存在，可會被笑名符其實的成為妻子的小孩。

────────────

〔註20〕莽懂：讀音「bóng tóng」。根據台日大辭典詞解為「糊塗分 bōe 清楚」P.865。

　　讓我來勸勸懵懂無知的少年啊！與我們關係至親的父母是我們的，回想生活從小到大的一切，都仰賴著父母的飼養教育，長大雖然結婚成立家庭，夫妻恩愛，但與父母的血緣是割捨不斷，應該是更加的緊密關切，以盡孝道，千萬不要忘記了年邁的父母親，讓他們無人理會、無所依靠的自生自滅。

　　〈尪親某親老婆仔抛車轔〉喚醒了婚後的男子不要因為娶了親，忘記對父母的孝道。雖說結婚是人生三大樂事之一，洞房花燭夜後也不應忘了父母親。台灣俗諺說：「在生食一粒土豆，較贏死了拜一個豬頭（Tsāi senn tshiảh tsit liảp thôo-tāu，khah iânn sí liáu pài tsît liảp ti-thâu）。」它的道理就在於子欲養而親不在，主要在提醒為人子女，孝順父母要及時、趁早，可千萬不要「手攑孝杖，才知苦哀（Tshiú giảh hà thñg，tsiah tsai khóo thiong）」。夫妻恩愛，家庭美滿都是好事，但不管疼愛妻子、疼愛小孩都應該適當不應驕縱溺愛，否則就將落得「寵豬攑灶，寵囝不孝，寵某吵鬧（sīng ti giảh tsàu，sīng kiánn put hàu，sīng bóo tsá nāu）」的下場。

第四節　〈講到薰火就著〉

　　台灣俗諺說：「第一憨，食薰噴風（tē it gōng，tsiảh hun pûn hong）」，一語道盡吸菸是不良習慣之最，愛惜生命，切莫吸菸。吸菸導致身體的不健康是眾所皆知，吸菸會引起肺癌、孕婦若成菸槍也會禍延後代，然而奇怪的是吸煙不像吃糖果餅乾，初次嘗試吸菸並不會使人得到愉快經驗，一段時間下來吸菸成為習慣後，戒絕卻是相當困難，原因是吸煙習慣行成兩種依賴，（一）吸菸習慣起於心理依賴；（二）戒菸困難由於生理依賴〔註21〕

　　從台灣俗諺、到劉福助的〈十憨〉，以及許效舜的〈天下十憨〉，也都相繼提到「第一憨食薰噴風（tē it gōng，tsiảh hun pûn hong）」。可見得吸菸危害之深，古今皆相同見解。「講到薰火就著（Kóng tiỏh hun hé tiỏh tỏh.ah）」在台語的語意表達是句雙關語，依著語境不同，各有解讀不一。例一：父親每次抽菸，一拿起煙火就點燃。例二：母親厭惡菸味，一有人抽菸，她就滿腹不悅。劉福助以這有著雙關語意作為歌曲取名，也令人玩爾一笑。

　　〈講到薰火就著〉這首歌曲不以分段描述，而以分為主唱與伴唱兩部份。

〔註21〕見張春興《現代心理學》，東華書局印製，1991年四月初版，2005年十月再版43刷，P.708～709。

在主唱部分反而歌詞句數少，伴唱方面就反而為主要部份。主唱由劉福助一人唱出引句「講到薰火就著」，接著敘述煙癮來時若無香煙當如何？接著伴唱引出了犯菸癮的症狀。如此主唱伴唱做循環兩次，作後再以一次伴唱來做歌曲的結束。

愛抽菸的人士，手一拿起菸枝火自然就要到，如此的吞雲吐霧快樂似神仙才是人生啊！假若人生中缺少了菸草的煙霧瀰漫的日子又如何度過呢？失去的菸草的陪伴，無法雙指著夾菸枝，讓這含有尼古丁的煙霧薰迷著自己，可是會成天無精打采，一天到晚打哈欠的伴隨著眼淚直飆，這樣的日子就讓人感到人活在世間的失望無望絕望，做人一點意義都沒有，找不到活下去的樂趣。

一個老菸槍，醒著時就大量過量拼命的抽菸，沒抽菸的時候就拼命的睡著，若沒有菸可是沒法子沒力氣沒心思可以做事情。這樣的比喻應該比較適合抽鴉片的狀況，傳統唸謠有：「食著鴉片真該死（tsiȧh tiȯh a-phiàn tsin kai sí），跤骨手骨若鐵枝（ka-kut tshiú-kut nā thit-ki），有錢通趁〔註22〕無愛去（ū tsînn thang thàn bô ài khì），倒著眠床像大豬（tó tiȯh bîn thn̂g tshiūnn tuā ti）。」

為了能名正言順的抽菸，抽菸人士總自欺欺人，自許著抽起菸還能照顧到肺部呢，所以台灣俗諺也有一句「食薰顧肺間（tsiȧh hun kòo hì-king）」，想抽菸自然不用選擇氣候挑日子，快樂似神仙的，一根接一根，吞雲吐霧煙霧瀰漫，讓自己完全沉浸在這煙霧中，與煙霧迷迷茫茫度過一生。

　　phōng phōng 块（phōng phōng ing）顧肺部（kòo hì pōo）

　　茫茫過一生（Bâng bang kuè ȧt sing）

　　『老闆抽煙斗』（『老闆抽煙斗』）

　　紳士佇比 top（Sin sū tī pí top）

　　大哥食 kent〔註23〕（Tuā ko tsiȧh kent）

　　小弟食 marlbro〔註24〕（Sio tī tsiȧh marlbro）

　　哈著的人菸椒仔〔註25〕撿起（Hah tiȯh ê lâng hun-kueh-á khioh khì）

〔註22〕趁：讀音「thàn」。根據台日大辭典詞解為「（1）賺（choán）錢。（2）賣淫。（3）遵從。（4）模仿。（5）順勢。（6）干但得 tiȯh。（7）追羊、牛陣。」在此的解釋為（1）賺（choán）錢。P.45。

〔註23〕Kent：進口菸的品牌名，譯為肯特。

〔註24〕Marlbro：進口菸的品牌名，譯為萬寶路。

〔註25〕菸椒仔：讀音「hun-kueh-á」。為較長的菸屁股或較長的菸蒂。

嘛是一直吸啊（mā sī it tit sut a~）

　　吞雲吐霧煙霧瀰漫，抽菸能照顧到肺部，讓自己完全沉浸在這煙霧中，與煙霧迷迷茫茫度過一生。當老闆的人經濟比較寬裕，大老闆總愛抽煙斗來顯示自己的財富身分；有學識涵養風度翩翩的紳士們，也都愛較量著身邊尖端前進的物品；大哥級的人物抽著 *kent* 牌香菸，小弟們也不遑讓的抽起 *marlbro* 牌香菸，而在一旁的小人物，菸癮來時，見到地上有人丟棄的菸屁股，也會彎腰撿起菸屁股，速速點燃，以解無菸可抽之癮。

　　碰到失戀時、心情煩悶、心中憂鬱、傷心煩惱痛苦時，最佳的解決方法就是抽上一口菸，一天到晚菸不離手的人士，總是把香菸當作寶貝，不能離開身邊，長久下來這樣的人士若到醫療單位照起 X 光，可要嚇死人，胸腔內的兩片肺葉可會變成烏漆抹黑的黑漆漆一片。

『一手菸』佇享受（『一手菸』tī hiáng sū）

『二手菸』面憂憂〔註26〕（『二手菸』bīn iu iu）

即馬食薰無自由（tsit-má tsiàh hun bô tsū iû）

做薰的上天壽（tsò hun--ê siōng iau sū）

　　抽菸的人士總深深在享受沉浸雲霧菸味，而在旁邊沒抽菸不抽菸的人，可就擔憂起自己因為吸著了二手菸，而引起身體的不適。香菸裡頭的尼古丁會令人上癮，長久下來持續不斷的抽菸會讓人生病，嚴重的話還會致癌；當抽菸的人享受吞雲吐霧的快感時，他所吐出的二手菸，則可能使週遭的人士得到心血管等疾病。現代抽菸的人士比較沒完全自由的可以隨地抽菸，但終究論起來，製造香菸的業者總比抽菸的人士來得更讓人不可原諒。

　　〈講到薰火就著〉，這是一句含有雙關的語義，對一個性喜抽菸的人來講，拿起香菸來抽，自然就要順手點上火，菸草被火點燃了才能開始享受吞雲吐霧的快樂；而另一個相對的意義，則是指一個厭惡抽菸的人，若身旁有人燃起了菸枝，聞到了菸味，則心中無名的火氣自然就冒起來。抽菸一事已被公認為是既害己又害人的行為，劉福助實在是苦口婆心的勸誡大家應要戒菸才好，為了自己的健康及家人的健康，未抽菸的人不要讓自己染上此壞習慣，而已有抽菸習慣的人當力致於戒菸，並向有關醫療單位請求協助早日戒菸成功。

　　〈講到薰火就著〉，也是劉福助表現善用語言的混合，這首歌曲不單只用

〔註26〕面憂憂：讀音「bīn-iu-iu」。根據台日大辭典詞解為「憂愁 ê 面容。」P.655。

台語一種語言，包括了華語的使用，如『老闆抽煙斗』、『一手菸』、『二手菸』。另外也使用了英語，把知名的香菸品牌融入歌曲，如 kent、marlbro 等。這樣語言混用的一首歌，更顯得趣味精采。

第五節　〈啉酒人〉

　　說到喝酒，有句台灣俗諺說到：「小啉顧肝，大啉顧山（sió lim kòo kuann，tuā lim kóo suann）。」也就是說對於喝酒這件事大家都有的共識是：小酌怡情，酗酒傷身。長期的酗酒，除了健康上出了狀況，在工作表現也不如預期；不只如此，家庭生活婚姻關係上衝突增多；在人際關係上易與人發生衝突，長官、同事、朋友、家人多會投以輕視眼光，並採取疏離的態度。很多愛喝酒人，都會自欺欺人的把古時候中國詩詞搬出來「古來聖賢皆寂寞，唯有飲者留其名。」、「今朝有酒今朝醉，莫使金樽空對月。」、「酒逢知己千杯少。」……等等，讓自己能名正言順的多貪喝兩杯。而為了勸戒不要染上愛喝酒或酗酒，祖先們也留下了有關俗俚諺及戒酒七言四句聯：

> 「酒是穿腸毒藥」、「酒肉朋友，柴米夫妻」、「酒食兄弟千个有，患
> 難之時半个無」、「聖君恩重年頭選，慈母年高鶴髮垂，君寵母恩據
> 未報，酒如成病悔何追」〔註27〕

　　喝酒貪杯的壞處多於好處，過多的酒精會讓行為反應遲鈍，故為減少因喝酒駕駛引起的交通事故悲劇，交通部也大力宣傳「醉不上道」，「開車不喝酒，喝酒不開車」，並實施酒測，駕駛者酒精濃度若超過了 0.25 毫克，則將進行告發與罰款〔註28〕。這樣的實施值得喝采，千萬不要因個人的貪杯釀成自己或危害他人的健康幸福。

　　〈啉酒人〉分為兩大段，第一大段全都在敘述酗酒後的窘態，及酗酒前的神態，歌曲從敘說酗酒的人沒喝酒時身體是會顫抖的開始的，一喝起酒來，又是沒完沒了的。酗酒的窘態百百種，所以歌詞句數顯得多量，在書寫時則分數句引述。第二段是以勸說能戒酒才是上策的。分段清楚，歌詞句數卻顯多，乃是劉福助將各種酗酒人的失神、與不雅、不堪都呈現在歌曲中。

〔註27〕參見吳瀛濤，《台灣諺語》，台灣英文出版社印行，民國九十年五月十三版，
　　　　P.267 及 P.296。
〔註28〕罰款金額明細依道路交通管理處罰條例第三十五條規定。

　　食酒〔註29〕的人（Tsia̍h tsiú ê lâng）

　　無啉燒酒皮皮煞（Bô lim sio tsiú phî pî tshuah）

　　拄到燒酒是啉袂 suah（tú tio̍h sio tsiú sī lim bē suah）

　　一個慣於喝酒成性或酗酒的人，若你仔細的細看這樣的一個人，當他沒喝酒的時候，請他伸出五指平置，你會發現這樣的人原來無法靜止平放，而是會輕微抖動，可見得如果對酒精的過度濫用，長期下來將會對酒精有所依賴，自然看到酒而無法控制適度的飲量，久久成性後自然對身體健康造成不可言喻的損害。劉福助善用他的觀察力道，一開始便道出了嗜酒如命的飛蛾撲火般的對酒的期待與依賴，自然碰到酒那有放過不飲的理由？一飲自然有就無法節制，沒有喝到醉了倒下，自然不會散席。

　　無啉人戇戇〔註30〕（Bô lim lang gōng gōng）

　　酒啉人悾悾〔註31〕（tsiú lim lâng khong khong）

　　講話煞大舌〔註32〕（Kóng uē suah tuā tsi̍h）

　　又閣直直啼（iū koh ti̍t ti̍t thī）

　　目睭煞起花（Ba̍k tsiu suah khí hue）

　　行路佇咧飛（Kiânn lōo tī lê pue）

　　瓠仔〔註33〕看做是菜瓜（Pû-á khuànn tsò sī tshài kue）

　　對酒經長期依賴或酗酒成性的人，其長會給人一種刻板既定的印象，這樣的人在沒喝酒時常顯現出一副頭腦空空，似乎無法對事情做思考；而喝了酒下去又更加神情惘然、精神悾忽，這樣若不打擾到他人還好，偏偏多數的飲酒人又偏好講話，不斷的說不停的敘述，由於酒精的作用使行為緩慢停滯，以致說起話來有顯現大舌頭口吃現象，這樣之下視力自然有受影響，總隨便看一下，常常就會把馮京當馬涼，瓠瓜（Pû-á）與菜瓜（tshài kue）自然無法分清楚，不只「目睭花花，瓠仔看做菜瓜（ba̍k-tsiu hue hue，Pû-á khuànn tsò tshài kue）」，也會有「目睭霧霧，蘋果看做連霧（ba̍k-tsiu bū bū，

〔註29〕食酒：讀音「Tsia̍h tsiú」。華語喝酒一詞台語的說法為食酒。

〔註30〕戇戇：讀音「gōng-gōng」。根據台日大辭典詞解為「形容愚戇 ê 款式。」P.530。

〔註31〕悾悾：讀音「khong-khong」。根據台日大辭典詞解為「惘然，精神悾惚（hut）。」P.496。

〔註32〕大舌：讀音「tuā tsi̍h」。根據台日大辭典詞解為「口吃（khit）。」P.430。

〔註33〕瓠仔：讀音「Pû-á」。根據台日大辭典詞解為「（植）葫蘆科，未熟 ê 果煮來食用，熟果用來做瓠 á。」P.730。

phōng-kó khuànn tsò lián-bū）」，總之就能讓你「目睭起煙霧（ba̍k-tsiu khí ian-bū）」，看什麼都可能出狀況，加上走起路來重心無法穩固，一腳未踏平穩就急提起另一腳，走路浮在地面上。劉福助笑稱此狀況猶如飛了起來。

> 行路腳軟軟（Kiânn lōo　kha nńg nńg）
>
> 厝內袂曉返（tshù lāi bē hiáu tńg）
>
> 倒佇半路睏（tó tī puànn lōo khùn）
>
> 寒甲 sih sih 顫〔註34〕（Kuânn kah sih sih tsùn）

　　酒喝過量的人，往往因酒精的影響作祟，行動緩慢反應遲鈍，走起路來往往無法雙腳踏地，走久了體力不支自然就軟腳，更別指望能安全走回家裡，經常是精力不足，隨意走到那就倒下去，這樣的人很少有陌生人會去對他做關懷，好的狀況如果碰到鄰居相識之人，可能就會通知其家人前來照料做支援，若無人理會，那這樣的醉漢也就只有醉倒在路邊，任其寒風吹襲，冷的發抖也只能再發抖無人理睬。

> 有的倒佇大廳頭（Ū ê tó tī tuā thiann thâu）
>
> 有的酒醉若著猴〔註35〕（ū ê tsiú tsuì ná tio̍h kâu）
>
> 有的酒醉目睭睭（Ū ê tsiú tsuì ba̍k bui bui）
>
> 看到朋友喙開開（Khuànn tio̍h ping iú tshuì khui khui）

　　喝醉酒的人，好一點的狀況可能會撐著點回到家，有的人就會直接倒在客廳呼呼大睡。而酒品若不好的人，一酒醉下來就如同發瘋似的盡是做些無厘頭動作與言語。另外有的酒醉的人，無力作出正常行為反應，看到了友人前來，卻只能兩眼睭睭直視，就如同瘟雞翻白眼般的，看著眼前的一切，無力表達、反應。

> 酒醉講話煞漏風（tsiú tsuì kóng uē suah làu hong）
>
> 老父看做是阿公（Lāu pē khuànn tsò sī a-kong）
>
> 有的酒醉哺塗沙（Ū ê tsiú tsuì bō thôo sua）
>
> 駛彼個牛車來甲伊拖（Sái hit lo̍h gû tshia lâi kah i thua）
>
> 有的艱苦一直吐（Ū ê kan khóo it ti̍t thòo）

〔註34〕sih sih 顫：讀音「sih sih tsùn」。根據台日大辭典詞解為「身軀 kap 腳手顫動
　　　ê 款式。」P.657。

〔註35〕著猴：讀音「tio̍h kâu」。根據台日大辭典詞解為「（1）囡仔患 tio̍h 類似脾
　　　疳 ê 病。（2）主要指女人罵男人愚戇 ê 話。」P.311。此處解釋為（2）較適
　　　合。

　　朋友歸陣來照顧（Pîng iú kui tīn lâi tsiàu kòo）

　　喝酒醉的人，由於無法做正常的反應，所以講起話來，往往無法完整表達其語意，甚至發音的部位肌肉無法正確使用，以致於常常說話有類似音的出現而造成笑話。喝醉酒的人可是醜態百出，父親也可以當作是祖父，真是傻傻分不清。另外有些人可是醉到無法分辨食物，就連沙子也能將它入口，醉到如此也只好駕牛車來把它拖回去了。醉酒的方式樣樣不同，有的人身體會出現極度的不舒服，不斷的嘔吐，還好有同行好友來互相照料。

　　酒醉浮浮跤輕輕（tsiú tsuì phû phû kha khin khin）

　　喙瀾水是漯漯津（tshuì nuā tsuí sī tshȧp tshȧp tin）

　　酒醉嚕嗦厚話屎〔註36〕（tsiú tsuì lo soo kāu uē sái）

　　一句話講幾落擺（Tsi̍t kù uē kóng kui lȯh pái）

　　醉漢一般的狀況就是頭重腳輕，所以看起來像在跳躍、像在飛，因為雙腳無力踏地行走；同時口腔肌肉無法受控制，口水只好一直往下滴，顯得骯髒極了；再不就是話多到極點，不斷重複說著同一件事、或同一句話，自己就是不知道話已經說過，所以這樣的狀況也會讓人厭煩。

　　燒酒是啉甲空空空（Sio tsiú sī lim kah khang khang khang）

　　講話目睭煞脫窗〔註37〕（Kóng uē bȧk tsiu suah thuah thang）

　　有的飲酒真敖花（Ū ê lim tsiú tsin gâu hue）

　　酒醉的亂著較會衰（Tsiú tsuì ê luān tiȯh khah ē sue）

　　有的啉酒真敖盧（Ū ê lim tsiú tsin gâu lû）

　　一個坎坎若像牛（Tsi̍t lê khàm khàm ná tshiūnn gû）

　　有的啉酒會起狂（Ū ê lim tsiú ē khí kông）

　　相打 lin long khȯk khȯk tsông（相打 lin long khȯk khȯk tsông）

　　黃湯數杯下肚，飲酒過量下，可就把自己喝到腦筋一片空白，猶如呆子般，說起話來雙眼無法定神，真是呆若木雞。有的在醉酒下就無理可通，這時也別跟他說理，此時的他也正是有理說不清，凡事都能跟你辯到底。假若被真正酒醉的人亂到的，或許還不算太倒楣，若是碰到醉酒後還如同牛一般講不聽、說不動、理不行、拉不走，那還真比較倒楣。有的醉漢甚至會抓狂，一言不合，或他人的一舉一動皆不合己意時，就拳頭相向，打起架來。

〔註36〕話屎：讀音「uē sái」。根據台日大辭典詞解為「阿理不達ê話。」P.154。
〔註37〕脫窗：讀音「thuah thang」。根據台日大辭典詞解為「目睭斜視。」P.430。

有的飲酒真正猛（Ū ê lim tsiú tsin tsiànn bíng）

椅仔桌仔閣亂亂翻（í-á toh-á koh luān luān píng）

有的飲酒失理智（Ū ê lim tsiú sit lí tì）

亂作事情閣直直去（Luān tsò sū tsîng koh tı̍t tı̍t khì）

後果實在要考慮（hiō kó sit tsāi ài khó lī）

拄到一擺就袂飼（tú tio̍h tsı̍t pái tio̍h bē tshī）

　　有的喝起酒來可是逞兇鬥狠無比，動不動就翻桌翻椅；有的是醉酒後失去了理智，做起事來一切欠考慮，更別說思量事態的嚴重性，藉著酒精的作祟，什麼事情都敢做，卻從不考慮後果，若因喝醉酒而釀成不可彌補的結果，不管是斷送自己的健康，或損毀他人的幸福，這樣的事情，一生中就算只做了一次，也划不來更不值得。

啉就盡量是毋通激（Lim tio̍h tsīn liāng sī m̄ thang kik）

強激啉酒是面綠色（Kiông kik lim tsiú sī bīn lik sik）

啉乎伊爽是較拄好（lim hōo i song sī khahtú hó）

酒醉艱苦是會煩惱（Tsiú tsuì kankhóo sī ē huân ló）

兄弟朋友佇迌 thô（Hiann tī ping iú tī tshit thô）

最後添杯不如無（tsuè āu thiam pue put lô bô）

　　喝酒宜適量，小酌怡情，飲酒當中最怕彼此激將，若因逞強喝入肚，可是會臉色發青，只要喝到適量，能讓自己愉悅，也不會麻煩或困擾到他人，總是最剛好的適量小酌。三五好友相聚，美酒相伴，增添情誼，若因醉酒而傷害難過就不如沒有。少喝一杯，不再貪杯，才能好友日後再相處相聚再續好情誼。

　　劉福助將飲酒過量的醜態百出一一道出，因酒醉而引起的傷害實在不容小覷，故在〈菸酒標示管理辦法第 11 條規定〉：

酒類之警語標示

1. 飲酒過量，有礙健康

2. 酒後不開車，安全有保障

3. 飲酒過量，害人害己

4. 未成年請勿飲酒

　　小小的警語雖無法止住所有好貪兩杯黃湯的人，為著自己的健康以及不讓自己有機會釀成大錯，自己應謹記教訓，有所自律。台灣俗諺也說：「藥會

醫假病，酒袂解真愁（ioh ē i kénn pīnn，tsiú bē kái tsint shiû）」、「貪酒無顧病，貪色無顧身，貪財無顧親（tham tsiú bô kòo pīnn，tham sik bô kòo sin，tham tsâi bô kòo tshin）」。此首〈啉酒人〉道盡好酒貪杯、爛醉如泥、醜態百出、杯酒戈矛、酒後無德，盡是貪杯的不良下場。筆者以為，飲酒於怡情，只在酒中趣，品嘗酒香醇，一切勿過量才是。而在整首歌的最後，且道出了飲酒免於後患的重點，並一如往常的劉福助式的作風做勸戒：「最後添杯不如無」。

第六節　〈侷不通博〉

台灣俗諺說：「毛蟹，教囝坦橫行（môo hē，kà kiánn thán huâinn kiânn）」，想要讓自己的小孩不要染上惡習，身教重於言教。賭博危害之深無底洞，清領時期的台灣人民賭風極盛，因此賭博也常被官方示禁，我們可由清光緒元年（民前三十七年），有一書示曰：「訪悉台地賭風最盛，當經書示嚴禁在案。茲恐未能一律痛改，特撰俚歌百句，以代苦口之勸，合行書眾之，無則加勉。倘再不知悔悟，仍然賭博，本部院為有儘法嚴辦，決不寬貸。各其凜遵，兒童有能背誦其者，仍照前示給賞。」〔註38〕其俚歌百句「賭博五言誡」歌詞如下：

> 勸人莫賭博，賭博倒嚴禁，無論兵與民，犯者即枷杖。
> 開場聚賭者，罪名更加重，初犯杖一百，並要徒三年。
> 再犯杖照式，遠流三千里。首賭拿賭者，若有看贓據，
> 賭博之財物，一概歸入官，半賞首賭人，半作充公用。
> 職官犯賭博，無論文與武，革職永不用，枷責不准贖。
> 生監與職銜，犯則先擬革，照例亦枷責，一體贖不得。
> 爾等富貴子，何以要去賭，多因不肖輩，開場來引誘。
> 或備酒肉飯，或設烟花局，令爾入迷途，朝夕戀不捨。
> 輸贏用籌碼，悉聽頭家計，豈知一結算，盈千並盈萬。
> 現交不能欠，無錢借貨湊，重利受滾盤，變產還亦願。
> 從今富貴家，賭博當禁絕，子弟早約束，勿致受人騙。
> 堂堂體面人，肯做下賤事，如有人首告，受辱何能堪。

〔註38〕據志，十五歲以下兒童，能背誦示禁俚歌者，賞給青蚨十文。轉載自吳瀛濤，《台灣諺語》，台灣英文出版社印行，民國九十年五月十三版，P.385。

　　若是買賣中，自有生財道，何可起貪心，思發賭博財。

　　更有一般人，可笑更可憐，轎夫及挑夫，受盡苦與辛，

　　賺來血汗錢，都送賭博場。凡屬開賭者，必非良喜人，

　　無賴與積棍，勾結衙中蠹，唵中納陋規，白日敢開賭。

　　或設干街坊，或攤于廟內，招集市井徒，紛紛趨如鶩。

　　從此賊日多，由于聚賭來，此等不肖輩，非可言語勸。

　　為有地方官，嚴斥保甲查，分別罪輕重，照例及詳辦。

　　租屋與人賭，之情應封鎖，街市若有賭，保鄰當廩拿。

　　容隱被人告，杖責亦不饒，既往姑免究，從今當痛改。

　　書示嚴禁外，更撰五言戒，條例詳指示，根由說其概。

　　大家當共醒，大家當共戒，及早想回頭，長做好百姓。〔註39〕

　　足見賭博危害之深，不止官方盡力禁賭，而民間也自有七言的四句聯「戒賭勸戒賭博歌」：

　　1. 佫閣愛博閣懶惰，無做事業若鱸鰻，無衫無褲通好換，褲底穿到欲堅干。2. 輸到無衫佮無褲，三頓無米通孝孤，予佫害去足受苦，枉費予咱做查埔。3. 迫迌博佫上歹代，人講了神佮失財，有錢來博無就汰，攄人的錢不應該。4. 佫若無博人忠厚，佫若博滿人糊塗，想著今日欲啥步，予佫害到面欲烏。〔註40〕

　　賭博危害乃有目共睹，對賭博之害也不分時空，從過去到現在，為人長輩父母莫不戰戰兢兢教育子女，深怕其染上賭博惡習，以致危害到家人、也傷害自身一輩子。有著「勸世歌王」之稱的劉福助，自然不會放過這樣的主題，創作出〈佫毋通博〉。

　　佫是毋通博（Kiáu sī m̄ thang puàh）

　　佫仔那欲博（Kiáu-á nā beh puàh）

　　是會艱苦（ē kan khóo）

　　佫毋通博（Kiáu m̄ thang puàh）

　　佫仔毋通博（Kiáu-á m̄ thang puàh）

〔註39〕參考吳瀛濤，《台灣諺語》，台灣英文出版社印行，民國九十年五月十三版，P.385～P.387。

〔註40〕參見吳瀛濤，《台灣諺語》，台灣英文出版社印行，民國九十年五月十三版，P.384～P.385。

侸那要博（Kiáu nā beh puàh）

仙趁著袂快活（Sian than tiòh bē khuìnn uàh）

　　語重心長的交代，可千萬不要賭博呢！假若你不聽勸的一定要賭博，人生可是會很辛苦的。千萬不要賭博啊！記得一定不要賭博，一旦賭博後，怎樣辛苦賺錢都無法快活過日子。

做人閣著實在（tsò lâng koh tiòh sit thāi）

就愛照步來（Tiòh ài tsiàu pōo lâi）

毋通欲小貪（m̄ thang beh siáu tham）

小貪就躦雞籠（siáu tham tiòh nǹg ke lang）

　　人活在世上就必須腳踏實地，一腳步一腳印按部就班，做人實在過生活。千萬不要貪小便宜，貪人一斗米，賠人一年糧；貪人一條蟲，賠人一隻龍可就因小失大了，得不償失了。

人說十一支〔註41〕博久無夠（Lâng kóng tsàp it ki puàh kú bô kàu）

坐久人很虛（tsē kú lâng tsinhi）

你嘛毋通博牌九（lí mā m̄ thang puàh pâi-káu）

輸著你會哮（Su tiòh lí ē háu）

五張叫拍批（Gōo tiunn kiò phah-phe）

輸著你會袂摳雞（u tiòh lí ē bē khoo ke）

十三張佮搖豆仔乾〔註42〕（Tsàp-sann tiunn kah iô-tāu-á-kuann）

輸著你會袂收山（Su tiòh lí ē bē siu suann）

　　話說賭博玩十一支，這種四色紙牌〔註43〕的賭博，因為都是一些老人家無聊消遣的小賭，賭注通常微小，若想靠此賭博方式來贏錢，恐怕就要花很多的時間，才能贏到一點數量，但為了要贏點小財，長時間的坐在賭桌玩牌，

〔註41〕十一支：四色牌中的「比十一支仔」，老一輩都會玩「十一支仔」，年輕人則已改打麻將或ㄎ十三張。

〔註42〕搖豆仔乾：讀音「iô-tāu-á-kuann」。因為骰子像豆干四方，故以稱搖骰子為搖豆仔乾。

〔註43〕四色牌：讀音「sù-sek-pâi」。根據台日大辭典詞解為「poàh-kiáu用ê四色ê紙牌：[帥、仕、相]三種各四張，[俥、傌、炮]三種各四張，[兵]一種各四張，全部分[黃]kap[紅]計有56張；加上[將、士、象]三種各四張，[車、馬、包]三種各四張，[卒]一種各四張，全部分[白]kap[青]（亦叫[烏]）計有56張，合計112張。」P.761。

身體可是會吃不消的。不只不要玩十一支，牌九〔註44〕更是不能玩，這種輸贏極大，一翻兩瞪眼那經得起賭輸？另外一種賭博玩五張的比對子也不能玩，贏得少，可是一旦輸了可要壓的你喘不過氣來。若玩比十三張和搖骰子更是不可碰，這一睹紅了眼，若輸的慘兮兮可想連翻身的機會都沒有。

> 二一點佮十點半（jī-it-tiám kah tsa̍p tiám puànn）
> 輸著傢伙了一半（Su tio̍h ke hué liáu tsi̍t puànn）
> 毋通博十湖〔註45〕（m̄ thang pua̍h tsa̍p-ôo）
> 佫輸傢伙爛猢猢（Kiáu su ke hué luā kôo-kôo）
> 傾家蕩產起糊塗（Khing ke tōng sán khí hôo-tôo）
> 毋通博麻將（m̄ thang pua̍h bâ-tshiok）
> 輸佫欠錢走予逐（Su Kiáu khiàm tsînn tsáu hōo liok）
> 抓到會予人摃（Liah tio̍h ē hōo lâng kòng）
> 後擺我毋敢碰（Āu pái guá m̄ kánn phòng）

撲克牌的二一點和十點半的賭博，也不要玩，輸贏快速，若賭運及賭技不良，一場賭下來，輸掉的金額也是相當的可觀。再來另一種賭法叫十湖，也是讓人輸起來連啼叫的聲音都無力，這樣一來的賭博是會將家產輸的光光，越賭越輸十賭九輸，可從沒聽過因賭博而致富的。賭博的方式百百種，也不要打麻將，輸了不給錢，或尿遁混逃跑想賴帳，若被碰到抓起來，是會被一陣毒打，打到讓人想再度碰麻將都沒機會。

> 十八就要東〔註46〕（Sit-pat tio̍h ài tong）
> 無東博碗公（Bô tong pua̍h uánn kong）
> 無東博三公（bô tong pua̍h sam-kong）
> 啊三公贏袂落（A sam-kong iânn bē lóh）
> 佫輸某子賣丟掉（Kiáu su bóo-kiánn bē hìnn-tiāu）
> 無錢起連回〔註47〕（Bô tsînn khí liân huê）

〔註44〕牌九：讀音「pâi-káu」。根據教育部台灣閩南語常用辭典解為「天九、牌九。一種紙牌或骨牌的賭博遊戲。」http://twblg.dict.edu.tw/holodict/index.htm

〔註45〕十湖：讀音「tsa̍p-ôo」。根據台日大辭典詞解為「[四色牌] pua̍h-kiáu ê 一種。」P.620。

〔註46〕東：讀音「tong」。根據台日大辭典詞解為「pua̍h-kiáu 做東」P.478。賭博時通常由本錢較雄厚者做莊，或可輪流做莊。

〔註47〕連回：讀音「liân huê」。根據台日大辭典詞解為「（女人罵人 ê 話）衰敗卸面

　　侹輸人扒皮（Kiáu su lâng pak phuê）

　　賭博賭骰子比大小，玩十八點就要做莊家，贏的機會才多，但本錢要雄厚，否則賭輸賠起來，一對大眾仍無力賠得起。總之，賭博玩命，輸的時候賠妻子一家大小，當無力償還時，可就惱羞成怒，一幅人肉鹹鹹你能如何！

　　毋通閣博毋通閣博（m̄ thang koh puȧh m̄ thang koh puȧh）

　　毋通閣博毋通閣博啦（m̄ thang koh puȧh m̄ thang koh puȧh）

　　你那欲佮博（lí nā beh koh puȧh）

　　恁厝父母袂快活（Lín tshù pē bú bē khuìnn uȧh）

　　你那欲閣博（lí nā beh koh puȧh）

　　恁囝四散無人 tshuā（Lín kiánn sì suànn bô lâng tshuā）

　　可千萬不要再賭博了，苦口婆心相勸，不能再賭博了，假若人不聽勸一意孤行，賭性頑強，那可知道家中的父母又如何能快樂過日子？假若仍然在沉迷賭國，又可曾想想家中的小孩是否有人照顧？三餐安好衣食無缺？

　　啊你那要閣博（lí nā beh koh puȧh）

　　恁某怨嘆無愛活（Lín bóo uàn than bô ài uȧh）

　　怨嘆嫁到博侹翁（uàn than kè tiȯh puȧh kiáu ang）

　　侹輸米缸哪叮噹（Kiáu su bí àng lang-tin-tang）

　　有時褲底穿到破一空（Ū sî khòo té tshīng káu phuah tsȧt khang）

　　啊欲哭也無采工（A beh khàu iā bô tshái kang）

　　人如果還不聽勸執意要再賭，家中的老婆可要怨天恨地的不想活下去，怨啊！怨恨怎嫁到一個成天只會賭博的丈夫，這樣的家庭那有能力豐衣足食，一但賭輸的時後，自然家中的米甕三天兩頭空，嫁到這的丈夫，就算哭給他看也是惘然！

　　勸恁小姐哪要嫁翁（Khṅg lín sió tsiá nā be hkè ang）

　　目睭扒予金噹噹（Bȧk tsiu peh hōo kim-tang-tang）

　　毋通嫁了怨嘆就毋通（m̄ thang kè liáu uàn than tiȯh m̄ thang）

　　勸天下未婚的年輕女子，假若要成婚找夫婿，眼睛可要睜大看清楚想明白，不要被愛沖昏了頭，若沒想清楚一旦嫁了個成天只會賭博的人，婚後再來埋怨東埋怨西，後悔也來不及了。

　　爸勸囝博輸就知影（pē kǹg kiánn puȧh su tiȯh tsai iánn）

　　子。」P.984。

　　　　囝勸爸俏輸田厝攏總賣（Kiánn kǹg pē kiáu su tshân tshù lóng tsóng
　　　　bē）

　　　　某囝艱苦做奴隸（Bóo kiánn kan khóo tsò lôo-lē）

　　　　某勸翁博俏咱毋通（Bóo khǹg ang puȧh Kiáu lán m̄ thang）

　　　　翁勸某博輸會艱苦（ang khǹg bóo puȧh su ē kan khóo）

　　　　苦勸社會親戚朋友佮五十（Khóo khǹg siā huē tshin tsiânn pîng iú kah
　　　　gōo tsȧp）

　　為人父親的人，應當即時對自己小孩的勸教，做父親的人應當告誡子女，
賭博的壞處，有了賭博習慣就應該改掉，否則輸不起一家大小。倘若是父親
有賭博習慣，為人子的也當力薦父親賭輸了家產一切都蕩然無存，妻小可會
辛苦度日。若是丈夫有了賭博習慣，做妻子的人更加要求力勸其斷此壞習慣，
反之，若妻子染上愛賭博行為，做丈夫的仍要勸其回頭，否則無法度日。總
要真心相勸親戚友人及社會大眾，賭博危害之深，千萬不要染上賭博的惡習。

　　　　博俏真毋通（puȧh Kiáu tsin m̄ thang）

　　　　俏輸無錢會起戇（Kiáu su bô tsînn ē khí khong）

　　　　起戇起憨捨祖公（khí khong khí gōng sià tsóo-kong）

　　　　起戇起憨捨丟祖公（khí khong khí gōng sià tsóo-kong）

　　　　捨祖公喔（sià tsóo-kong）

　　賭博真的萬底深坑害人不淺，千萬不可染上賭博行為，一旦賭輸了無力
還錢，人可是會被錢追著跑，身心健康起了變化，人若是成天只想著錢以及
賭，就會變得瘋顛。若是真的成了瘋瘋癲癲，想必連祖先也感覺羞恥萬分。

　　筆者從與劉福助談到〈俏毋通博〉中，劉福助回憶早期長年奔波國內及
海外作秀，在工作以外的時間，除了與藝界友人在當地吃飯喝咖啡聊天，其
餘的休閒活動就是賭博，從這樣的賭博過程中，劉福助憶起曾在新加坡作
秀檔期中度過休閒活動的賭博經驗，然而劉福助從這樣的親身體驗中，深
深明瞭十賭九輸以及賭徒陷入萬底深坑的道理，自己也曾經因為賭博而差
點讓自己沒有旅費回台灣，這個經驗讓他寫下了另類創作的題材〈俏毋通
博〉。創作中清晰的寫照，將賭博人愛賭、嗜賭如命的心態與無法自拔的無
奈，沉浸賭桌的慘痛後果一一述說。宅心仁厚的他總想藉著歌曲傳播，勸化
賭博的害人之深，在大家朗朗上口輕鬆的哼著歌時，正潛移默化著導正社
會善良風氣。

第七節　小　結

本章所討論到的是有關劉福助的創作，在家庭與勸化方面的作品，我們可以看到劉福助不只注重的家庭生活方面，並勸化提高生活品質，有以下的特點：

為人媳婦的態度：男大當婚，女大當嫁，當家庭有了媳婦新成員，從〈祖母的話〉中我們可了解，當一成為媳婦這個腳色時，所應擔起的責任實在不少，最基本的就是要將一切家務打理妥善，即使沒多少時間可安眠，還是要打起精神早早的起床，為新的一天從準備早餐開始，繼續處理大小家務，週而復始；不止如此，在做家務時還得要注意打理裝扮，盡一切的可能，滿足家中各成員的需求，這樣才是構成好媳婦的腳色。然而，要面面俱到，處事圓滿又似乎不是簡單的事情，也因為如此，要求完美無缺的媳婦，是無法達成的。反過來講，若沒有娶到所謂的好媳婦時，家中可要難以安寧，媳婦不善打理，又不願打理家務，或做起事情總帶著一張臭臉，心不甘情不願，還要責罵起婆婆的不是。

嫁雞隨雞飛的心態：行業百百種，女子嫁為人婦時，總也應知道不去嫌棄或不滿丈夫的生活方式，抱著嫁狗跟狗走的心態，為人妻的心理層面就會比較安穩，懂得欣賞另一半，就少了抱怨。從〈歹歹尪食袂空〉中，我們可了解夫妻共同生活，用欣賞丈夫所從事的事業的角度生活，知足常樂，夫妻就會少了口角爭吵。

美滿的夫妻生活，不忘孝道：從〈尪親某親老婆仔抛車輪〉中，我們看到劉福助重視孝道的一面，呼籲著夫妻甜蜜恩愛生活下，不要忘記了還有辛苦養育我們長大的父母。新婚夫婦在過甜美的生活，為人子也為人夫的，千萬不可以有好吃的、享受的只想到心中的嬌娘，而忘了照顧年老的父母。在這方面，對婚後不忘孝順父母，筆者以為不能視為全是丈夫的事，為人妻的理當共同負起孝順父母的心思才是，要家庭美滿幸福，家中的每個成員都應彼此關懷、照應。

要健康遠離香菸：從〈講到薰火就著〉這句話，有著雙關語意，一是說講到了香菸，就趕快拿火來點菸；另一個語意是說講到了香菸，內心中的無名火就上來，自然就生氣。根據歌詞內容，自然是指後者，也看到了抽菸對身體的壞處，精神的傷害。

要健康遠離酗酒：從〈啉酒人〉我們看到劉福助再度勸化，不只是菸害

當遠離，酒類對身體的傷害，不良的習慣就不應該養成。而酒對身體的傷害，從台灣俗諺「小啉顧肝，大啉顧山」，就說得明白透徹，酒是穿腸毒藥。然而能及時悟通此道理的又有多少人？通常都在傷害已造成後，才知後悔。故劉福助也關心生活的壞習慣引起的傷害，不只道出了飲酒過度的醜態百出外，還帶來身體健康的傷害。

　　萬底深坑之害是賭博：在生活上我們都知道，一個人若能遠離菸、酒、賭，多半能健康生活著。而劉福助也看清了賭博不只害了自己，也連累了家人，從他身邊的好友豬哥亮〔註48〕例子更能清楚透徹，也作曲傳唱以期能達到勸化效果。

〔註48〕豬哥亮：本名謝新達，後改名為謝友偵。台灣知名主持人，也為早期秀場天王。豬哥亮 1993 年疑因沉迷於大家樂博彩上而積欠大筆賭債，以「出國深造」為名跑路，潛逃十餘年。